Aufschieben in 7 Schritten überwinden

von Frank Kralemann

Buchbeschreibung:

In 7 Schritten Aufschieben überwinden" ist der ultimative Leitfaden für alle, die ihre Produktivität steigern, ihre Ziele erreichen und ihr Leben in vollen Zügen genießen möchten. Ob Student, Berufstätiger oder Rentner - dieser Ratgeber ist für jeden geeignet, der seine Träume verwirklichen und ein erfüllteres Leben führen will. Ergreifen Sie die Initiative und lassen Sie das Aufschieben hinter sich!

Über den Autor:

Frank Kralemann ist ein renommierter Autor, der seit 2006 eine beeindruckende Auswahl an Sachbüchern und Prosa verfasst hat.

Mit seinem neuesten Buch "In 7 Schritten Aufschieben überwinden" setzt Frank Kralemann seinen Weg fort, Menschen dabei zu unterstützen, ihr volles Potenzial auszuschöpfen und ein erfüllteres, zielgerichtetes Leben zu führen.

Aufschieben in 7 Schritten überwinden

Wie du alle deine Ziele erreichst

von Frank Kralemann

1. Auflage, 2023

© 2023 Frank Kralemann Alle Rechte vorbehalten.

Herstellung und Verlag:

BoD - Books on Demand,

Norderstedt

ISBN: 9783752627428

Inhaltsverzeichnis

Einleitung

Befreie dich von der Prokrastination – Gestalte dein Leben aktiv

Es ist ein gewöhnlicher Montagmorgen, und du hast eine lange Liste von Aufgaben vor dir. Du fühlst dich schon erschöpft, bevor du überhaupt angefangen hast, und plötzlich erscheinen all die Ablenkungen um dich herum unwiderstehlich. Bevor du es weißt, sind Stunden vergangen, und du hast kaum etwas von deiner Liste abgehakt. Kommt dir das bekannt vor? Du bist nicht allein. Prokrastination ist ein weitverbreitetes Phänomen, das Millionen von Menschen auf der ganzen Welt betrifft und ihr volles Potenzial einschränkt.

In „Schluss mit Prokrastination: In 7 Schritten Aufschieben überwinden" haben wir es uns zur Aufgabe gemacht, dir dabei zu helfen, diesen schädlichen Zyklus der Aufschieberitis zu durchbrechen. Dieses Buch ist nicht nur eine Sammlung von Ratschlägen und Techniken, sondern auch eine progressive Reise, die dich Schritt für Schritt zu einem produktiveren, zufriedeneren und selbstbestimmteren Leben führt.

Wir beginnen diese Reise mit der Auseinandersetzung mit den Gründen, warum wir aufschieben, und der Erkenntnis, dass Prokrastination oft tiefere Ursachen hat als bloße Faulheit oder fehlende Selbstdisziplin. Indem wir diese Ursachen erkennen und verstehen, öffnen wir die Tür zu einer nachhaltigen Veränderung.

In den folgenden Kapiteln wirst du lernen, wie du Ziele setzt, die wirklich zu dir passen, und wie du Prioritäten definierst, um den Fokus auf das Wesentliche zu legen. Du wirst die Kraft von

Gewohnheiten entdecken und wie du sie gezielt einsetzen kannst, um deinen Alltag zu verbessern. Außerdem wirst du erfahren, wie du deine Umgebung optimierst, um Ablenkungen zu minimieren und deine Produktivität zu steigern.

Während dieser Reise werden wir auch die mentalen Barrieren erkunden, die Prokrastination fördern, und dir Werkzeuge an die Hand geben, um mit Ängsten, Selbstzweifeln und Motivationsschwierigkeiten umzugehen. Du wirst lernen, wie soziale Unterstützung und Rechenschaftspflicht dir helfen können, am Ball zu bleiben, und wie du deinen Fortschritt überwachen und feiern kannst, um langfristig erfolgreich zu sein.

Das Ziel dieses Buches ist es, dir zu helfen, die Fesseln der Prokrastination abzulegen und ein Leben zu führen, in dem du deine Träume und Ambitionen aktiv verfolgst. Wir laden dich ein, dich dieser Reise anzuschließen, und freuen uns darauf, gemeinsam mit dir ein erfüllteres und produktiveres Leben zu gestalten. Mach dich bereit, die Prokrastination ein für alle Mal zu überwinden – lass uns beginnen!

Hier sind die 7 Schritte zum beendigen deines Aufschiebens

1. Ursachen verstehen: Erkenne und verstehe die Gründe und Mechanismen, die hinter dem Aufschieben stehen.

2. Aufschieber-Typen identifizieren: Finde heraus, welche Art von Aufschieber du bist und wie sich das auf dein Leben auswirkt.

3. Ziele setzen: Erstelle realistische und erreichbare Ziele, um eine klare Vision für deine Zukunft zu entwickeln.

4. Zeitmanagement-Techniken: Erlange Kontrolle über deine Zeit, indem du effektive Zeitmanagement-Methoden anwendest.

5. Gewohnheiten und Routinen: Nutze die Kraft der Gewohnheiten, um förderliche Routinen zu etablieren, die dich voranbringen.

6. Ablenkungen bewältigen: Entwickle Strategien, um Ablenkungen und Entscheidungsmüdigkeit erfolgreich zu meistern.

7. Fortschritte messen und Erfolge feiern: Lerne, deine Fortschritte zu überwachen, Erfolge zu würdigen und Rückschläge als Lernchancen zu betrachten.

Selbsterkenntnis und Selbstreflexion

Auf unserer Reise zur Überwindung der Prokrastination ist der erste Schritt, tief in uns hineinzuschauen und die Ursachen unserer Aufschieberitis zu identifizieren. In diesem Kapitel wirst du lernen, wie du deine persönlichen Schwächen und Trigger erkennst und wie Ängste und Selbstzweifel eine Rolle bei deinem Aufschiebeverhalten spielen.

1.1 Ursachen der Prokrastination identifizieren

Jeder hat seine eigenen Gründe für das Aufschieben. Um die Ursachen deiner Prokrastination zu identifizieren, setze dich zunächst in Ruhe hin und reflektiere über Situationen, in denen du dazu neigst, Dinge aufzuschieben. Stelle dir dabei folgende Fragen:

Bei welchen Aufgaben schiebe ich am häufigsten auf?

Wann treten diese Aufschiebemuster auf (z.B. Tageszeit, Wochentag)?

Welche Gedanken und Gefühle begleiten mein Aufschieben?

Indem du diese Fragen ehrlich beantwortest, kannst du erste Anhaltspunkte für die Ursachen deiner Prokrastination finden.

1.2 Persönliche Schwächen und Trigger erkennen

Nun, da du einige Ursachen identifiziert hast, ist es wichtig, auch deine persönlichen Schwächen und Trigger zu erkennen. Schwächen sind Charakterzüge oder Verhaltensweisen, die dich anfälliger für Prokrastination machen. Trigger sind äußere oder innere Reize, die dein Aufschiebeverhalten auslösen. Um sie zu identifizieren, stelle dir folgende Fragen:

Welche persönlichen Eigenschaften oder Verhaltensweisen fördern mein Aufschieben (z.b. Perfektionismus, Unentschlossenheit, mangelnde Selbstorganisation)?

Welche äußeren Umstände oder innere Zustände lösen mein Aufschieben aus (z.b. Langeweile, Unklarheit über die Aufgabe, Stress)?

Notiere deine Erkenntnisse und sei dabei ehrlich zu dir selbst. Nur so kannst du effektiv an deinen Schwächen arbeiten und deine Trigger bewältigen.

1.3 Die Rolle von Ängsten und Selbstzweifeln

Ängste und Selbstzweifel sind häufige Begleiter der Prokrastination. Sie können dazu führen, dass du Aufgaben aufschiebst, weil du befürchtest, zu scheitern, kritisiert zu werden oder nicht gut genug zu sein. Um diese Ängste und Selbstzweifel zu erkennen und zu bearbeiten, reflektiere über folgende Fragen:

Welche Ängste hindern mich daran, mit einer Aufgabe zu beginnen (z.B. Angst vor Versagen, Angst vor Kritik)?

Welche negativen Glaubenssätze über mich selbst stehen im Zusammenhang mit meinem Aufschieben (z.B. „Ich bin nicht gut genug", „Ich schaffe das sowieso nicht")?

Erkenne, dass Ängste und Selbstzweifel normal sind und viele Menschen sie in unterschiedlichem

Maße erleben. Der Schlüssel liegt darin, sie bewusst wahrzunehmen

Ziele setzen und Prioritäten definieren

Nachdem du im ersten Kapitel gelernt hast, deine persönlichen Ursachen für Prokrastination zu identifizieren, ist es nun an der Zeit, klare und realistische Ziele zu setzen, die dir helfen, deine Träume und Ambitionen zu verwirklichen. In diesem Kapitel wirst du erfahren, warum Zielsetzung wichtig ist, wie du Prioritäten setzt und effektives Zeitmanagement betreibst, und wie du die SMART-Methode für die Zielsetzung nutzen kannst.

2.1 Die Bedeutung klarer und realistischer Ziele

Klare und realistische Ziele sind entscheidend, um Prokrastination zu überwinden. Sie geben dir Orientierung, indem sie dir einen Fokus bieten und dir dabei helfen, deine Energie gezielt einzusetzen. Um effektive Ziele zu setzen, befolge diese Schritte:

Identifiziere deine langfristigen Ziele: Was möchtest du in den nächsten Jahren erreichen? Welche Träume und Ambitionen hast du? Schreibe sie auf und überlege, was du tun musst, um sie zu erreichen.

Setze kurzfristige Ziele: Was kannst du in den nächsten Wochen oder Monaten tun, um deinen langfristigen Zielen näher zu kommen? Schreibe diese Ziele ebenfalls auf.

Überprüfe deine Ziele: Stelle sicher, dass sie realistisch und erreichbar sind. Unrealistische Ziele können Frustration und Prokrastination fördern.

2.2 Prioritäten setzen und Zeitmanagement

Um effektiv an deinen Zielen zu arbeiten, musst du Prioritäten setzen und deine Zeit gut managen. Hier sind einige Tipps, um dies zu erreichen:

Erstelle eine Prioritätenliste: Ordne deine Ziele nach ihrer Wichtigkeit. Konzentriere dich zunächst auf die wichtigsten Aufgaben und arbeite dann nach und nach die Liste ab.

Plane deinen Tag: Erstelle einen Zeitplan, der Aufgaben, Pausen und Freizeitaktivitäten berücksichtigt. So behältst du den Überblick und vermeidest Zeitdruck.

Lerne, Nein zu sagen: Es ist wichtig, sich auf seine eigenen Prioritäten zu konzentrieren und nicht ständig abgelenkt zu werden. Lerne, Nein zu sagen, wenn dich etwas von deinen Zielen abbringt.

2.3 Die SMART-Methode für Zielsetzung

Die SMART-Methode ist ein hilfreiches Werkzeug, um effektive Ziele zu setzen. Sie steht für:

Spezifisch: Dein Ziel sollte klar und präzise formuliert sein, damit du genau weißt, was du erreichen möchtest.

Messbar: Dein Ziel sollte messbar sein, damit du deinen Fortschritt überprüfen kannst.

Attraktiv: Wähle Ziele, die dich motivieren und begeistern.

Realistisch: Setze dir Ziele, die herausfordernd, aber erreichbar sind. Unrealistische Ziele führen oft zu Frustration und Prokrastination.

Terminiert: Gib deinem Ziel ein klares Enddatum, um einen zeitlichen Rahmen für dessen Erreichung zu schaffen.

Wende die SMART-Methode auf deine Ziele an und passe sie bei Bedarf an. Du wirst feststellen, dass sie dir hilft, deine Ziele klarer und greifbarer zu gestalten, sodass du motivierter bist, sie zu erreichen.

Zusammenfassend ist die effektive Zielsetzung ein wesentlicher Schritt, um Prokrastination zu überwinden. Indem du klare, realistische und motivierende Ziele setzt, schaffst du ein solides Fundament für dein persönliches Wachstum und Erfolg. Prioritäten setzen und gutes Zeitmanagement ermöglichen es dir, fokussiert und organisiert zu bleiben, während du an deinen Zielen arbeitest.

In den kommenden Kapiteln wirst du weitere Strategien kennenlernen, die dir helfen, deine neu gesetzten Ziele zu erreichen und die Aufschieberitis endgültig zu überwinden. Erinnere dich immer daran, dass der Schlüssel zum Erfolg darin besteht, kontinuierlich an deinen Zielen zu arbeiten und deine Fortschritte zu überwachen, um sicherzustellen, dass du auf dem richtigen Weg bleibst.

Die Macht der Gewohnheiten

Gewohnheiten spielen eine entscheidende Rolle in unserem täglichen Leben. Sie bestimmen, wie wir handeln, denken und fühlen, und können sowohl Prokrastination fördern als auch bekämpfen. In diesem Kapitel wirst du erfahren, wie Gewohnheiten gebildet werden, wie du schlechte Gewohnheiten identifizieren und durch gute ersetzen kannst und welche Strategien dir dabei helfen, neue, produktive Gewohnheiten zu entwickeln.

3.1 Wie Gewohnheiten Prokrastination fördern oder bekämpfen können

Gewohnheiten sind automatisierte Verhaltensweisen, die wir im Laufe der Zeit durch Wiederholung und Konditionierung entwickeln. Sie entstehen, weil unser Gehirn ständig nach Wegen sucht, um Energie zu sparen und effizienter zu arbeiten. Gewohnheiten können sowohl positiv als auch negativ sein und unser Leben auf unterschiedliche Weise beeinflussen.

Prokrastination kann durch Gewohnheiten gefördert werden, wenn wir zum Beispiel immer wieder bestimmte Ablenkungen suchen oder Aufgaben aufschieben, ohne darüber nachzudenken. Umgekehrt können wir auch Gewohnheiten entwickeln, die Prokrastination bekämpfen, indem wir uns beispielsweise dazu bringen, jeden Tag zur gleichen Zeit mit einer bestimmten Aufgabe zu beginnen.

3.2 Schlechte Gewohnheiten identifizieren und durch gute ersetzen

Um Prokrastination effektiv zu bekämpfen, ist es wichtig, schlechte Gewohnheiten zu identifizieren und durch gute zu ersetzen. Hier sind einige Schritte, die dir dabei helfen:

Beobachte dich selbst: Achte darauf, welche Gewohnheiten und Verhaltensmuster zu Prokrastination führen. Notiere sie, um ein Bewusstsein für sie zu entwickeln.

Suche nach Auslösern: Finde heraus, welche Reize oder Situationen deine schlechten Gewohnheiten auslösen. Indem du diese Auslöser identifizierst, kannst du sie vermeiden oder kontrollieren.

Ersetze schlechte Gewohnheiten durch gute: Überlege, welche positiven Gewohnheiten du anstelle der schlechten einführen kannst. Zum Beispiel, wenn du dazu neigst, in den sozialen Medien abzuhängen, ersetze diese Gewohnheit durch das Lesen eines Buches oder das Erledigen einer kleinen Aufgabe.

3.3 Strategien zur Entwicklung neuer Gewohnheiten

Das Entwickeln neuer Gewohnheiten kann herausfordernd sein, aber mit den richtigen Strategien ist es möglich. Hier sind einige Tipps, um dir dabei zu helfen:

Setze dir kleine, erreichbare Ziele: Beginne mit kleinen Veränderungen, die leicht in deinen Alltag integriert werden können. Zum Beispiel, beginne damit, jeden Morgen fünf Minuten früher aufzustehen, bevor du es auf 30 Minuten steigerst. Wiederhole das Verhalten regelmäßig: Wiederhole die gewünschte Verhaltensweise so oft wie möglich, um sie in eine Gewohnheit zu verwandeln. Kontinuität ist der Schlüssel zum Erfolg. Verknüpfe die neue Gewohnheit mit einer bestehenden: Kombiniere die neue Gewohnheit mit einer bereits bestehenden Gewohnheit, um die Wahrscheinlichkeit zu erhöhen, dass sie sich festigt. Zum Beispiel, wenn du nach dem Zähneputzen immer einen Kaffee trinkst, könntest du direkt danach fünf Minuten lang meditieren.

Belohne dich: Positive Verstärkung ist ein wichtiger Faktor bei der Bildung neuer Gewohnheiten. Belohne dich selbst, wenn du deine neue Gewohnheit erfolgreich umsetzt. Die Belohnung kann so einfach sein wie ein inneres Lob oder ein kleiner Genuss, der dir Freude bereitet.

Sei geduldig: Neue Gewohnheiten brauchen Zeit, um sich zu festigen. Es wird Tage geben, an denen es schwierig ist, deinem Plan zu folgen. Sei nicht zu hart zu dir selbst, wenn du einen Rückschlag erlebst – das ist normal. Bleibe geduldig und fokussiert auf dein Ziel.

Suche Unterstützung: Teile deine Ziele und Fortschritte mit Freunden oder Familienmitgliedern, die dich ermutigen und unterstützen können. Eine unterstützende Gemeinschaft kann dir helfen, motiviert zu bleiben und Verantwortung für dein Handeln zu übernehmen.

Indem du diese Strategien befolgst, kannst du langsam aber sicher neue, positive Gewohnheiten entwickeln, die dir dabei helfen, Prokrastination zu bekämpfen und produktiver zu werden. Denke daran, dass Veränderungen Zeit brauchen und nicht von heute auf morgen geschehen. Bleibe geduldig und konzentriere dich auf den langfristigen Erfolg.

In den nächsten Kapiteln wirst du weitere Techniken und Strategien kennenlernen, die dir helfen, die Aufschieberitis endgültig zu überwinden und ein produktiveres, zufriedeneres Leben zu führen. Mit Entschlossenheit, Engagement und der richtigen Herangehensweise kannst du die Macht der Gewohnheiten nutzen, um dein Leben zum Besseren zu verändern.

Die Umgebung optimieren

Deine Umgebung hat einen erheblichen Einfluss auf deine Produktivität und deine Fähigkeit, Prokrastination zu überwinden. In diesem Kapitel erfährst du, wie du deinen Arbeitsplatz für mehr Produktivität gestalten, Ablenkungen minimieren und Routinen und Rituale zu deinem Vorteil nutzen kannst.

4.1 Arbeitsplatzgestaltung für Produktivität

Ein gut gestalteter Arbeitsplatz kann deine Produktivität erheblich steigern. Hier sind einige Tipps, um deinen Arbeitsbereich optimal zu gestalten:

Sauberkeit und Ordnung: Halte deinen Arbeitsplatz sauber und organisiert. Eine aufgeräumte Umgebung fördert Klarheit und Konzentration. Stelle sicher, dass alle benötigten Materialien griffbereit sind und unnötige Gegenstände entfernt werden.

Ergonomie: Achte auf eine ergonomische Gestaltung deines Arbeitsplatzes. Ein bequemer Stuhl, ein höhenverstellbarer Schreibtisch und eine angemessene Beleuchtung können dazu beitragen, dass du dich wohlfühlst und länger konzentriert arbeiten kannst.

Personalisiere deinen Arbeitsplatz: Gestalte deinen Arbeitsplatz so, dass er deine Persönlichkeit widerspiegelt und dich inspiriert. Zum Beispiel kannst du Bilder, Pflanzen oder motivierende Zitate aufstellen.

4.2 Ablenkungen minimieren

Um Prokrastination effektiv zu bekämpfen, ist es wichtig, Ablenkungen zu minimieren. Hier sind einige Strategien, um dies zu erreichen:

Elektronische Geräte: Schalte Benachrichtigungen auf deinem Smartphone oder Computer aus, um nicht ständig abgelenkt zu werden. Nutze gegebenenfalls Apps oder Browser-Add-ons, die den Zugriff auf ablenkende Websites blockieren.

Lärm: Wenn du in einer lauten Umgebung arbeitest, ziehe die Verwendung von schalldichten Kopfhörern oder Ohrstöpseln in Betracht. Alternativ kannst du auch entspannende Hintergrundmusik oder Naturgeräusche abspielen, um deine Konzentration zu fördern.

Zeitliche Ablenkungen: Lege feste Zeiten für Pausen und soziale Aktivitäten fest, damit du nicht ständig in Versuchung gerätst, deine Arbeit zu unterbrechen.

4.3 Die Vorteile von Routinen und Ritualen

Routinen und Rituale sind wichtige Elemente, um Prokrastination zu bekämpfen und deine Produktivität zu steigern. Sie können dir helfen, deinen Tag zu strukturieren und ein Gefühl der Kontrolle und Vorhersehbarkeit zu schaffen. Hier sind einige Beispiele für Routinen und Rituale, die du in deinen Alltag integrieren kannst:

Morgenroutine: Beginne deinen Tag mit einer festen Morgenroutine, die Aktivitäten wie Meditation, Bewegung, gesundes Frühstück oder das

Lesen einer inspirierenden Lektüre beinhaltet. Eine Morgenroutine hilft dir, den Tag positiv und fokussiert zu beginnen.

Arbeitsrituale: Etabliere spezielle Rituale, die dir helfen, in den Arbeitsmodus zu wechseln. Zum Beispiel, beginne jeden Arbeitstag damit, deine wichtigsten Aufgaben für den Tag zu notieren, oder trinke eine Tasse Tee, während du deine E-Mails checkst. Solche Rituale signalisieren deinem Gehirn, dass es Zeit ist, sich auf die Arbeit zu konzentrieren.

Pausenroutine: Plane regelmäßige Pausen in deinen Arbeitstag ein, um deine Energie und Konzentration aufrechtzuerhalten. Nutze diese Pausen, um dich körperlich und geistig zu erholen, zum Beispiel durch kurze Spaziergänge, Dehnübungen oder Atemübungen.

Abendroutine: Gestalte eine Abendroutine, die dir hilft, den Arbeitstag abzuschließen und dich auf die Nacht vorzubereiten. Das kann Aktivitäten wie das Aufschreiben von Erfolgen und Erkenntnissen des Tages, das Planen des nächsten Tages oder entspannende Rituale wie ein warmes Bad oder das Lesen eines Buches beinhalten.

Indem du deine Umgebung optimierst und Routinen und Rituale in deinen Alltag integrierst, schaffst du eine solide Grundlage für mehr Produktivität und weniger Prokrastination. Eine gut gestaltete Arbeitsumgebung, minimierte Ablenkungen und durchdachte Routinen erleichtern es dir, fokussiert und motiviert zu bleiben, während du an deinen Zielen arbeitest.

In den folgenden Kapiteln wirst du weitere Techniken und Strategien kennenlernen, die dir helfen, die Aufschieberitis endgültig zu überwinden und ein erfolgreicheres, erfüllteres Leben zu führen. Mit Entschlossenheit, Engagement und der richtigen Herangehensweise kannst du deine Gewohnheiten und Umgebung nutzen, um deine Produktivität zu maximieren und deine Ziele zu erreichen.

Mentale Strategien und Techniken

Neben der Gestaltung deiner Umgebung und der Bildung neuer Gewohnheiten spielen auch mentale Strategien und Techniken eine entscheidende Rolle bei der Bekämpfung von Prokrastination. In diesem Kapitel werden wir verschiedene Techniken zur Steigerung der Motivation und Konzentration vorstellen, den Umgang mit Ängsten und Selbstzweifeln besprechen und die Pomodoro-Technik sowie andere Zeitmanagement-Methoden kennenlernen.

5.1 Techniken zur Steigerung der Motivation und Konzentration

Um deine Motivation und Konzentration zu steigern, kannst du verschiedene Techniken ausprobieren. Hier sind einige Beispiele:

Visualisierung: Stelle dir vor, wie es sich anfühlen wird, wenn du deine Ziele erreichst. Visualisiere den Erfolg und die damit verbundenen positiven Emotionen, um dich zu motivieren und auf deine Aufgaben zu konzentrieren.

Affirmationen: Nutze positive Selbstgespräche und Affirmationen, um deine Motivation zu steigern. Wiederhole Sätze wie „Ich bin fokussiert und erfolgreich" oder „Ich kann diese Aufgabe bewältigen" regelmäßig, um deine Denkmuster zu beeinflussen.

Mindfulness: Praktiziere Achtsamkeit, um deine Konzentration zu verbessern. Durch das Fokussieren auf den gegenwärtigen Moment und das bewusste Wahrnehmen deiner Gedanken und Gefühle kannst du deine Aufmerksamkeit bündeln und Ablenkungen reduzieren.

5.2 Umgang mit Ängsten und Selbstzweifeln

Ängste und Selbstzweifel sind häufige Ursachen von Prokrastination. Um diese zu bewältigen, kannst du folgende Strategien anwenden:

Reframing: Versuche, negative Gedanken und Glaubenssätze in positive umzuwandeln. Anstatt zu denken „Ich kann das nicht schaffen", sage dir selbst: „Ich werde mein Bestes geben und aus dieser Erfahrung lernen."

Selbstmitgefühl: Sei freundlich und verständnisvoll dir selbst gegenüber. Erkenne, dass jeder Mensch Fehler macht und Schwierigkeiten hat. Behandle dich selbst so, wie du einen guten Freund behandeln würdest, der Unterstützung braucht.

Konfrontation: Stelle dich deinen Ängsten und Selbstzweifeln direkt. Frage dich, ob sie begründet sind, und suche nach Beweisen, die das Gegenteil beweisen.

5.3 Die Pomodoro-Technik und andere Zeitmanagement-Methoden

Effektives Zeitmanagement ist entscheidend, um Prokrastination zu überwinden. Hier sind einige hilfreiche Methoden:

Die Pomodoro-Technik: Diese Technik basiert auf der Idee, die Arbeitszeit in kurze Intervalle (meist 25 Minuten) zu unterteilen, gefolgt von einer kurzen Pause (5 Minuten). Nach vier Pomodoro-Intervallen gönnst du dir eine längere Pause (15-30 Minuten). Dies fördert die Konzentration und verhindert Ermüdung.

Timeboxing: Weise jeder Aufgabe ein festes Zeitfenster zu und arbeite nur während dieses Zeitfensters an der Aufgabe. Dies fördert Fokus und hilft dir, den Überblick über deine Prioritäten zu behalten.

Eisenhower-Matrix: Diese Methode hilft dir, Aufgaben nach Dringlichkeit und Wichtigkeit zu priorisieren. Teile deine Aufgaben in vier Kategorien ein: dringend und wichtig, wichtig aber nicht dringend, dringend aber nicht wichtig und weder dringend noch wichtig. Konzentriere dich zunächst auf die dringenden und wichtigen Aufgaben, bevor du die weniger dringenden und wichtigen angehst.

Die 2-Minuten-Regel: Wenn eine Aufgabe weniger als zwei Minuten dauert, erledige sie sofort, anstatt sie aufzuschieben. Dies hilft dir, kleine Aufgaben schnell abzuhaken und mehr Zeit für größere Aufgaben zu haben.

Die 80/20-Regel (Pareto-Prinzip): Diese Regel besagt, dass 80 % der Ergebnisse aus 20 % der Anstrengungen resultieren. Identifiziere die Aufgaben, die den größten Einfluss auf deine Ziele haben, und konzentriere dich darauf, sie effizient zu erledigen.

Durch das Anwenden dieser mentalen Strategien und Zeitmanagement-Techniken kannst du deine Motivation und Konzentration steigern, Ängsten und Selbstzweifeln entgegenwirken und deinen Arbeitsalltag effizienter gestalten. Indem du deinen Fokus auf die richtigen Aufgaben richtest und eine positive Einstellung pflegst, wirst du besser in der Lage sein, Prokrastination zu überwinden und deine Ziele zu erreichen.

Im weiteren Verlauf dieses Buches wirst du noch mehr Strategien und Techniken kennenlernen, die dir helfen, die Aufschieberitis ein für alle Mal zu besiegen und ein erfülltes, erfolgreiches Leben zu führen. Mit Entschlossenheit, Einsatz und den richtigen Werkzeugen kannst du deine mentalen Fähigkeiten nutzen, um produktiver zu werden und deine Träume zu verwirklichen.

Soziale Unterstützung und Rechenschaft

Soziale Unterstützung und Rechenschaft können eine entscheidende Rolle dabei spielen, Prokrastination zu überwinden und deine Produktivität zu steigern. In diesem Kapitel werden wir die Bedeutung von Freunden, Familie und Kollegen, Mentoren und Accountability-Partnern sowie die Macht von Gruppen und Netzwerken untersuchen.

6.1 Die Rolle von Freunden, Familie und Kollegen

Freunde, Familie und Kollegen können eine wertvolle Quelle der Unterstützung und Motivation sein. Sie können dir helfen, indem sie:

Ermutigung bieten: Manchmal brauchst du einfach jemanden, der an dich glaubt und dir die nötige Ermutigung gibt, um weiterzumachen. Teile deine Ziele und Herausforderungen mit ihnen, damit sie dich motivieren und unterstützen können.

Ratschläge geben: Freunde, Familie und Kollegen können oft wertvolle Ratschläge und Perspektiven bieten, die dir helfen, Probleme zu lösen oder neue Ansätze auszuprobieren.

Gemeinsame Aktivitäten planen: Organisiere Arbeits- oder Lerngruppen, um gemeinsam an Projekten zu arbeiten. Die Zusammenarbeit mit anderen kann deine Produktivität steigern und macht die Arbeit oft angenehmer.

6.2 Mentoren und Accountability-Partner

Mentoren und Accountability-Partner können eine wichtige Rolle bei der Überwindung von Prokrastination spielen:

Mentoren: Suche nach erfahrenen Personen, die deine Ziele und Interessen teilen und bereit sind, ihre Erfahrungen und Ratschläge mit dir zu teilen. Ein guter Mentor kann dir wertvolle Einblicke und

Orientierung bieten und dir helfen, Hindernisse zu überwinden.

Accountability-Partner: Ein Accountability-Partner ist jemand, der ähnliche Ziele verfolgt und bereit ist, sich gegenseitig zur Rechenschaft zu ziehen. Ihr könnt regelmäßige Check-ins planen, um eure Fortschritte zu besprechen, Herausforderungen zu teilen und euch gegenseitig zu motivieren.

6.3 Die Macht von Gruppen und Netzwerken

Gruppen und Netzwerke können dir dabei helfen, Prokrastination zu bekämpfen, indem sie:

Sozialen Druck erzeugen: Die Zugehörigkeit zu einer Gruppe oder einem Netzwerk kann einen gesunden sozialen Druck erzeugen, der dich motiviert, deine Ziele zu erreichen und Verantwortung für deine Handlungen zu übernehmen.

Ressourcen und Informationen teilen: Gruppen und Netzwerke können eine wertvolle Quelle für Ressourcen, Informationen und Best Practices sein. Nutze diese, um deine Fähigkeiten zu erweitern und neue Ideen zu entwickeln.

Gemeinschaftsgefühl fördern: Die Zugehörigkeit zu einer Gruppe oder einem Netzwerk kann dir das Gefühl geben, Teil von etwas Größerem zu sein. Dies kann dir helfen, motiviert zu bleiben und ein Gefühl der Verbundenheit und des Zusammenhalts zu schaffen.

Indem du soziale Unterstützung und Rechenschaft in dein Leben integrierst, erhöhst du die Wahrscheinlichkeit, dass du Prokrastination überwindest und deine Ziele erreichst. Die Zusammenarbeit mit anderen und die Schaffung eines unterstützenden Umfelds fördern nicht nur deine Motivation und Produktivität, sondern tragen auch zu deinem persönlichen Wachstum und Wohlbefinden bei.

In den weiteren Kapiteln dieses Buches werden wir weitere Strategien und Techniken vorstellen, die dir helfen, die Aufschieberitis endgültig zu überwinden und ein erfolgreicheres, erfüllteres Leben zu führen. Mit Entschlossenheit, Engagement und der richtigen Herangehensweise, unterstützt von einem soliden sozialen Netzwerk, kannst du deine Träume verwirklichen und die gewünschten Veränderungen in deinem Leben herbeiführen. Vertraue auf dich selbst und die Menschen um dich herum, um den Weg zu mehr Produktivität und Erfolg zu beschreiten.

Fortschritt überwachen und feiern

Die Überwachung und das Feiern deines Fortschritts sind wichtige Schritte auf dem Weg zur Überwindung von Prokrastination und zum Erreichen deiner Ziele. In diesem Kapitel werden wir die Bedeutung von Meilensteinen und Belohnungen, Selbstreflexion und Anpassung sowie langfristige Erfolge und persönliches Wachstum untersuchen.

7.1 Die Bedeutung von Meilensteinen und Belohnungen

Meilensteine und Belohnungen helfen dir, motiviert zu bleiben und deinen Fortschritt auf dem Weg zu deinen Zielen sichtbar zu machen:

Meilensteine: Setze dir realistische Meilensteine, die du auf dem Weg zu deinem Hauptziel erreichen möchtest. Diese Zwischenziele helfen dir, deinen Fortschritt zu messen und motivieren dich, weiterzumachen.

Beispiel: Wenn du einen Roman schreiben möchtest, könnten Meilensteine das Fertigstellen eines Kapitels oder das Erreichen von 10.000 Wörtern sein.

Belohnungen: Koppel deine Meilensteine an Belohnungen, um dich selbst für deine harte Arbeit und deinen Fortschritt zu belohnen. Diese Belohnungen können groß oder klein sein und sollten in einem angemessenen Verhältnis zu deinem erreichten Meilenstein stehen.

Beispiel: Wenn du einen wichtigen Meilenstein erreicht hast, könntest du dich mit einem Abendessen in deinem Lieblingsrestaurant oder einem entspannenden Wellness-Tag belohnen.

7.2 Selbstreflexion und Anpassung

Selbstreflexion und Anpassung sind entscheidend, um sicherzustellen, dass du auf dem richtigen Weg bist und deine Strategien bei Bedarf anpasst:

Selbstreflexion: Nimm dir regelmäßig Zeit, um über deinen Fortschritt nachzudenken und zu bewerten, was gut funktioniert und was nicht. Sei ehrlich zu dir selbst und achte auf mögliche Hindernisse, die dich von deinen Zielen abhalten könnten.

Anpassung: Basierend auf deiner Selbstreflexion, sei bereit, deine Strategien und Pläne bei Bedarf anzupassen. Flexibilität ist der Schlüssel zum Erfolg, und du wirst möglicherweise feststellen, dass du deine Herangehensweise ändern musst, um deine Ziele effektiver zu erreichen.

7.3 Langfristige Erfolge und persönliches Wachstum

Die kontinuierliche Verfolgung und Feier deines Fortschritts trägt zu langfristigen Erfolgen und persönlichem Wachstum bei:

Langfristige Erfolge: Durch das Überwachen und Feiern deines Fortschritts erhöhst du die Wahrscheinlichkeit, dass du dranbleibst und langfristige Erfolge erzielst. Diese Erfolge werden dir helfen, Prokrastination zu überwinden und ein erfüllteres Leben zu führen.

Persönliches Wachstum: Auf dem Weg zu deinen Zielen wirst du wertvolle Fähigkeiten und Erfahrungen sammeln, die zu deinem persönlichen

Wachstum beitragen. Indem du regelmäßig deinen Fortschritt überwachst und feierst, kannst du dich besser auf deine Stärken und Schwächen konzentrieren und gezielter an deiner persönlichen Entwicklung arbeiten.

Selbstbewusstsein und Selbstwertgefühl: Das Feiern deiner Erfolge und die Anerkennung deines Fortschritts können dazu beitragen, dein Selbstbewusstsein und Selbstwertgefühl zu stärken. Wenn du dir bewusst bist, wie viel du erreicht hast, wirst du motivierter sein, weiterzumachen und noch größere Herausforderungen anzunehmen.

Lernen aus Fehlern: Fehler sind unvermeidlich, aber sie bieten auch wertvolle Lernmöglichkeiten. Indem du deinen Fortschritt überwachst und feierst, kannst du leichter erkennen, welche Fehler du gemacht hast, und daraus lernen, um zukünftig bessere Entscheidungen zu treffen.

Kontinuierliche Verbesserung: Die Überwachung deines Fortschritts ermöglicht es dir, ständig nach Möglichkeiten zur Verbesserung zu suchen. Indem du dich auf kontinuierliche Verbesserung konzentrierst, kannst du sicherstellen, dass du immer besser wirst und deine Ziele effektiver erreichst.

Resilienz aufbauen: Das Überwachen und Feiern deines Fortschritts hilft dir dabei, Resilienz aufzubauen. Resilienz ist die Fähigkeit, sich von Rückschlägen zu erholen und trotz Widrigkeiten weiterzumachen. Indem du lernst, deine Erfolge zu feiern und aus deinen Fehlern zu lernen, wirst du besser gerüstet sein, um mit zukünftigen Herausforderungen umzugehen und erfolgreich zu sein.

Abschließend ist das Überwachen und Feiern deines Fortschritts ein entscheidender Schritt, um Prokrastination zu überwinden und langfristige Erfolge zu erzielen. Durch das Setzen von Meilensteinen, das Belohnen deiner Erfolge, das regelmäßige Praktizieren von Selbstreflexion und Anpassung sowie die Konzentration auf langfristige Erfolge und persönliches Wachstum, wirst du besser in der Lage sein, deine Ziele zu erreichen und ein erfüllteres Leben zu führen.

Im Laufe dieses Buches haben wir zahlreiche Strategien und Techniken vorgestellt, die dir helfen können, Prokrastination zu bekämpfen und erfolgreich zu sein. Indem du diese Praktiken in dein Leben integrierst, wirst du dich weiterentwickeln, selbstbewusster werden und deine Träume verwirklichen. Denke daran, stets auf dein persönliches Wachstum und deinen Fortschritt zu achten, um ein erfüllteres, produktiveres Leben zu führen.

Philosophien und Denkweisen die dir helfen können

Der radikale Konstruktivismus ist eine epistemologische Theorie, die von dem österreichischen Philosophen und Wissenschaftler Ernst von Glasersfeld in den 1970er und 1980er Jahren entwickelt wurde. Der Ansatz basiert auf der Idee, dass Wissen und Realität keine objektiven Gegebenheiten sind, sondern von Individuen konstruiert werden, basierend auf ihren Erfahrungen und kognitiven Prozessen. Im radikalen Konstruktivismus wird davon ausgegangen, dass es keine unabhängige, von unseren Erfahrungen getrennte Realität gibt, die wir direkt erkennen können.

Geschichte:

Der radikale Konstruktivismus hat seine Wurzeln in verschiedenen philosophischen und wissenschaftlichen Strömungen, einschließlich des konstruktivistischen Denkens von Jean Piaget, dem Philosophen Immanuel Kant und der Kybernetik. Von Glasersfeld integrierte und erweiterte diese Ideen, um seine eigene Theorie des radikalen Konstruktivismus zu entwickeln. Seine Arbeit wurde in verschiedenen wissenschaftlichen und pädagogischen Kontexten aufgegriffen, insbesondere im Bereich der Unterrichtsmethoden und Lehrstrategien.

Bedeutung:

Der radikale Konstruktivismus hat in verschiedenen wissenschaftlichen Disziplinen und Anwendungsbereichen Bedeutung erlangt. Hier sind einige der Hauptaspekte seiner Bedeutung:

Epistemologie: Der radikale Konstruktivismus stellt eine radikale Umkehrung traditioneller epistemologischer Annahmen dar, indem er den Fokus auf die Rolle des Individuums bei der Konstruktion von Wissen und Realität legt. Diese Sichtweise hat dazu beigetragen, neue Fragestellungen und Perspektiven in Bezug auf die Natur des Wissens und die Möglichkeiten der Erkenntnis zu entwickeln.

Pädagogik: Im Bildungsbereich hat der radikale Konstruktivismus zu einer Neuausrichtung der Lehr- und Lernpraktiken geführt. Lehrer werden dazu ermutigt, den Schülern dabei zu helfen, ihr eigenes Wissen aufzubauen, anstatt es einfach zu übermitteln. Dies hat zu einer Betonung des entdeckenden Lernens, der Problemlösung und des kritischen Denkens geführt.

Kommunikation und Interaktion: Da der radikale Konstruktivismus betont, dass jede Person ihre eigene Realität konstruiert, hat dies Auswirkungen auf die Art und Weise, wie wir Kommunikation und Interaktion verstehen. In diesem Zusammenhang wird die Bedeutung von Verhandlungen,

Dialogen und gemeinsamer Bedeutungskonstruktion hervorgehoben.

Kognitionswissenschaften: Der radikale Konstruktivismus hat auch Einfluss auf die Kognitionswissenschaften, insbesondere auf das Verständnis von mentalen Repräsentationen und kognitiven Prozessen. Die Idee, dass unser Wissen und unsere Wahrnehmung der Welt konstruiert sind, hat zu neuen Forschungsansätzen und Theorien über das menschliche Denken geführt.

Der radikale Konstruktivismus nach von Glasersfeld hat das Verständnis von Wissen, Realität und mensch icher Erkenntnis grundlegend verändert. Dies hat weitreichende Implikationen für verschiedene Bereiche, die über die oben genannten hinausgehen:

Sozialwissenschaften: In den Sozialwissenschaften hat der radikale Konstruktivismus dazu beigetragen, die Bedeutung von sozialen und kulturellen Faktoren bei der Konstruktion von Wissen und

Realität hervorzuheben. Forscher erkennen an, dass individuelles Wissen und Verständnis der Welt nicht isoliert sind, sondern durch soziale Interaktionen und kulturelle Normen geprägt werden.

Psychologie: Im Bereich der Psychologie hat der radikale Konstruktivismus dazu geführt, dass die Rolle der individuellen Wahrnehmung und Interpretation in der menschlichen Erfahrung stärker betont wird. Dies hat Auswirkungen auf das Verständnis von Persönlichkeitsentwicklung, Selbstkonzept und Kognition.

Philosophie der Wissenschaft: Der radikale Konstruktivismus hat auch die Philosophie der Wissenschaft beeinflusst, indem er die Rolle des Beobachters und der menschlichen Erkenntnis bei der Gestaltung wissenschaftlicher Theorien und Modelle betont. Dies hat dazu beigetragen, das Verständnis von Wissenschaft als sozialem und kulturellem Unternehmen zu fördern und hat dazu beigetragen, den Konstruktivismus als wichtige

epistemologische Position in der Wissenschafts-
philosophie zu etablieren.

Technologie und künstliche Intelligenz: Der radikale Konstruktivismus hat auch Auswirkungen auf
die Gestaltung von Technologien und künstlicher
Intelligenz. Da der Schwerpunkt auf der Konstruktion von Wissen und Realität liegt, können diese
Ideen dazu verwendet werden, um neue Ansätze
für maschinelles Lernen, künstliche Intelligenz und
menschliche Interaktion mit Technologien zu entwickeln.

Insgesamt hat der radikale Konstruktivismus nach
von Glasersfeld das Verständnis von Wissen und
Realität in verschiedenen Disziplinen und Bereichen tiefgreifend beeinflusst. Die Idee, dass Wissen
und Realität subjektive Konstruktionen sind, die
durch individuelle Erfahrungen und kognitive Prozesse geformt werden, hat zu neuen Fragestellungen, Perspektiven und Forschungsansätzen
geführt. Dies hat wiederum das Potenzial, unser
Verständnis der menschlichen Erfahrung und des

menschlichen Wissens weiter zu vertiefen und zu erweitern.

Die ABC Theorie nach Albert Ellis

Die ABC-Theorie ist ein zentrales Konzept in der Rational-Emotiven Verhaltenstherapie (REVT), die von dem amerikanischen Psychologen Albert Ellis in den 1950er Jahren entwickelt wurde. Die REVT ist eine kognitive Psychotherapieform, die darauf abzielt, dysfunktionale Denkmuster und Verhaltensweisen zu identifizieren und zu ändern, um emotionale Belastungen zu reduzieren und das allgemeine Wohlbefinden zu verbessern. Die ABC-Theorie bietet ein Rahmenwerk, um zu verstehen, wie unsere Gedanken, Überzeugungen und Einstellungen unsere Emotionen und Verhaltensweisen beeinflussen.

Die ABC-Theorie besteht aus drei Hauptkomponenten:

A - Aktivierendes Ereignis (Activating Event): Ein Ereignis oder eine Situation, die eine emotionale Reaktion auslöst.

B - Überzeugungen (Beliefs): Die Gedanken, Bewertungen und Überzeugungen, die wir über das aktivierende Ereignis haben. Diese Überzeugungen können rational (funktional) oder irrational (dysfunktional) sein.

C - Konsequenzen (Consequences): Die emotionalen und verhaltensbezogenen Reaktionen, die aus unseren Überzeugungen über das aktivierende Ereignis resultieren.

Nach Ellis sind es nicht die Ereignisse selbst, die unsere Emotionen und Verhaltensweisen bestimmen, sondern unsere Überzeugungen und Interpretationen dieser Ereignisse. Wenn wir dysfunktionale oder irrationale Überzeugungen haben, kann dies zu unangemessenen emotionalen

Reaktionen und problematischem Verhalten führen.

Die REVT und die ABC-Theorie können Menschen im Alltag in folgender Weise helfen:

Selbstbewusstsein fördern: Die ABC-Theorie hilft Menschen dabei, ihre Gedanken und Überzeugungen bewusster wahrzunehmen und zu verstehen, wie diese ihre Emotionen und Verhaltensweisen beeinflussen.

Identifizierung irrationaler Überzeugungen: Durch das Verständnis der ABC-Theorie können Menschen lernen, ihre irrationalen und dysfunktionalen Überzeugungen zu erkennen, die zu negativen emotionalen und verhaltensbezogenen Reaktionen führen.

Änderung irrationaler Überzeugungen: Die REVT bietet Techniken, um irrationalen Überzeugungen entgegenzuwirken und sie durch rationalere und funktionalere Überzeugungen zu ersetzen. Dies kann zu einer Verbesserung der emotionalen Reaktionen und des Verhaltens führen.

Verbesserung der Problemlösungsfähigkeiten: Indem sie lernen, ihre Gedanken und Überzeugungen zu hinterfragen und zu verändern, können Menschen ihre Problemlösungsfähigkeiten verbessern und effektivere Bewältigungsstrategien entwickeln.

Steigerung des Selbstwertgefühls: Die REVT und die ABC-Theorie können dazu beitragen, das Selbstwertgefühl zu stärken, indem sie Menschen helfen, selbstkritische und negative Überzeugungen über sich selbst zu erkennen und zu ändern.

Verbesserung der Beziehungen: Die ABC-Theorie kann dazu beitragen, die Kommunikation und das Verständnis in zwischenmenschlichen Beziehungen zu verbessern, indem sie Menschen dazu ermutigt, ihre eigenen Überzeugungen und die Überzeugungen anderer zu reflektieren und zu hinterfragen. Dies kann zu mehr Empathie, Offenheit und Verständigung führen und dazu beitragen, Konflikte besser zu bewältigen.

Stressreduktion: Indem sie dysfunktionale Denkmuster identifizieren und ändern, können Menschen ihren Stresslevel senken und effektiver mit stressigen Situationen umgehen.

Verbesserung der emotionalen Regulation: Durch die Anwendung der ABC-Theorie können Menschen lernen, ihre emotionalen Reaktionen besser zu steuern und unangemessene oder übermäßige emotionale Reaktionen zu vermeiden.

Förderung der psychischen Gesundheit: Die REVT und die ABC-Theorie können dazu beitragen, psychische Störungen wie Depressionen, Angststörungen und Persönlichkeitsstörungen zu behandeln, indem sie die zugrunde liegenden irrationalen Überzeugungen und Denkmuster angehen.

Die Anwendung der ABC-Theorie und der Rational-Emotiven Verhaltenstherapie im Alltag kann

Menschen dabei helfen, ein besseres Verständnis ihrer Gedanken, Überzeugungen und Emotionen zu entwickeln. Indem sie dysfunktionale Denkmuster identifizieren und verändern, können sie ihr emotionales Wohlbefinden verbessern, effektivere Bewältigungsstrategien entwickeln und insgesamt ein erfüllteres und zufriedeneres Leben führen. Die ABC-Theorie bietet ein praktisches und leicht zugängliches Werkzeug, das Menschen dabei unterstützen kann, ihre psychische Gesundheit und ihr allgemeines Wohlbefinden zu verbessern.

Die Reise zur Überwindung von Prokrastination

Die Überwindung von Prokrastination ist eine Reise, die Zeit, Engagement und Selbsterkenntnis erfordert. Jeder Mensch ist einzigartig, und die Gründe für das Aufschieben und die effektivsten Lösungen können von Person zu Person variieren. Durch das Lesen dieses Buches hast du bereits einen wichtigen Schritt unternommen, um deine Prokrastinationsgewohnheiten zu erkennen und aktiv dagegen anzugehen.

Ermutigung und Inspiration für den Leser

Denke daran, dass Veränderung möglich ist und du die Kraft hast, deine Gewohnheiten zu ändern und ein erfüllteres, produktiveres Leben zu führen. Lasse dich von den Erfolgsgeschichten anderer inspirieren und ermutige dich selbst, indem du auf deine bisherigen Erfolge zurückblickst. Du bist nicht allein auf dieser Reise; zögere nicht, Hilfe und

Unterstützung von Freunden, Familie und Kollegen zu suchen.

Beispiel: Stell dir vor, wie ein Freund, der ständig aufgeschoben hat, ein wichtiges Projekt abgeschlossen hat, indem er die in diesem Buch beschriebenen Techniken angewendet hat. Lass dich von dieser Erfolgsgeschichte inspirieren und glaube daran, dass auch du deine Prokrastinationsgewohnheiten überwinden kannst.

Werkzeuge um Aufschieben zu verhindern

Ein Aufschiebetagebuch ist ein nützliches Werkzeug, um Prokrastination zu überwachen, zu verstehen und letztendlich zu überwinden. Hier sind einige Schritte, wie du ein Aufschiebetagebuch führen kannst:

Wähle ein Format: Entscheide, ob du ein physisches Tagebuch, eine digitale Datei oder eine App auf deinem Smartphone verwenden möchtest. Wähle das Format, das am besten zu deinen Bedürfnissen und Vorlieben passt.

Notiere täglich deine Aufgaben: Jeden Morgen oder am Abend zuvor, schreibe eine Liste der Aufgaben, die du an diesem Tag erledigen möchtest. Du kannst auch Prioritäten setzen, indem du die wichtigsten Aufgaben hervorhebst.

Überwache deine Prokrastination: Während des Tages, achte darauf, wann und wie du prokrastinierst. Wenn du merkst, dass du eine Aufgabe aufschiebst, notiere dies in deinem Tagebuch. Schreibe auf, welche Aufgabe du aufschiebst, warum du sie aufschiebst und wie du deine Zeit stattdessen verbringst.

Reflektiere über die Gründe: Versuche, die zugrunde liegenden Gründe für deine Prokrastination zu identifizieren. Dies können Ängste, Selbstzweifel, Ablenkungen oder Unklarheit über die Aufgabe sein. Schreibe diese Gründe in dein Tagebuch.

Notiere deine Gedanken und Gefühle: Neben den Gründen für deine Prokrastination, schreibe auch deine Gedanken und Gefühle in Bezug auf die aufgeschobenen Aufgaben auf. Dies kann dir helfen, emotionale Muster oder wiederkehrende Gedanken, die zur Prokrastination führen, zu erkennen.

Analysiere dein Verhalten: Am Ende des Tages oder der Woche, schaue dir dein Tagebuch an und analysiere dein Verhalten. Erkenne Muster, wiederkehrende Ablenkungen oder bestimmte Zeiten, in denen du am meisten prokrastinierst.

Entwickle Lösungsstrategien: Basierend auf deiner Analyse, entwickle Strategien, um deine Prokrastination zu bekämpfen. Dies können Techniken zur Steigerung der Motivation, besseres Zeitmanagement oder das Entfernen von Ablenkungen sein. Schreibe diese Strategien in dein Tagebuch und setze sie in die Praxis um.

Verfolge deinen Fortschritt: Nutze dein Aufschiebetagebuch, um deinen Fortschritt im Laufe der Zeit zu verfolgen. Feiere Erfolge und lerne aus

Rückschlägen. Passe deine Strategien bei Bedarf an und setze sie kontinuierlich ein, um Prokrastination zu reduzieren und produktiver zu werden.

Indem du regelmäßig ein Aufschiebetagebuch führst, kannst du ein besseres Verständnis für deine Prokrastinationsgewohnheiten entwickeln und gezielte Strategien entwickeln, um sie zu bekämpfen. Dies kann letztendlich dazu beitragen, dass du produktiver wirst und deine Ziele effektiver erreichst.

Die 80/20 Regel

Die 80/20-Regel, auch als Pareto-Prinzip bekannt, wurde vom italienischen Ökonomen Vilfredo Pareto im späten 19. und frühen 20. Jahrhundert entwickelt. Pareto stellte fest, dass etwa 80 % des Vermögens in Italien von 20 % der Bevölkerung gehalten wurden. Diese Beobachtung führte zur Entdeckung einer ungleichen Verteilung von Ressourcen und Ergebnissen in vielen verschiedenen Bereichen des Lebens, einschließlich Wirtschaft, Zeitmanagement und persönlicher Produktivität.

Um die 80/20-Regel anzuwenden, um deine Ziele besser zu erreichen, kannst du die folgenden Schritte befolgen:

Identifiziere die wichtigsten Aufgaben: Überlege, welche 20 % deiner Aufgaben für 80 % der Ergebnisse verantwortlich sind. Diese Aufgaben sind in der Regel diejenigen, die den größten Einfluss auf dein Leben und deine Ziele haben.

Priorisiere diese Aufgaben: Setze die wichtigsten Aufgaben an die Spitze deiner To-do-Liste und plane genügend Zeit ein, um sie zu erledigen. Gib diesen Aufgaben Vorrang vor weniger wichtigen oder dringenden Aufgaben.

Eliminiere oder delegiere weniger wichtige Aufgaben: Überprüfe die restlichen 80 % der Aufgaben, die nur 20 % der Ergebnisse erzielen, und entscheide, welche davon eliminiert oder delegiert werden können. Dies wird dir helfen, mehr Zeit für die wichtigsten Aufgaben zu haben.

Setze realistische Ziele: Verwende die 80/20-Regel, um realistische Ziele zu setzen, die auf den wichtigsten Aufgaben basieren, die den größten Einfluss auf dein Leben haben. Konzentriere dich auf diese Ziele und arbeite systematisch daran, sie zu erreichen.

Optimiere deine Arbeitsabläufe: Analysiere, wie du deine Zeit und Ressourcen auf die 20 % der Aufgaben konzentrieren kannst, die 80 % der Ergebnisse erzielen. Dies kann bedeuten, dass du effizientere Arbeitsabläufe entwickelst, Technologie zur Automatisierung bestimmter Aufgaben nutzt oder dich auf die Verbesserung deiner Fähigkeiten in diesen Schlüsselbereichen konzentrierst.

Überprüfe regelmäßig deine Fortschritte: Nutze die 80/20-Regel, um regelmäßig deine Fortschritte bei der Erreichung deiner Ziele zu überprüfen. Stelle sicher, dass du weiterhin auf die wichtigsten Aufgaben fokussiert bist und passe deine Prioritäten bei Bedarf an.

Indem du das Pareto-Prinzip in deinem Leben anwendest, kannst du deine Zeit und Energie auf die wichtigsten Aufgaben konzentrieren, die den größten Einfluss auf die Erreichung deiner Ziele haben. Dies wird dir helfen, effizienter und effektiver zu arbeiten und letztendlich mehr Erfolg in deinem Leben zu erzielen.

Prioritäten bestimmen und setzen.

Es ist wichtig, Prioritäten zu bestimmen und zu setzen, aus mehreren Gründen:

Effizientes Zeitmanagement: Die Zeit ist eine begrenzte Ressource, und jeder hat nur 24 Stunden pro Tag zur Verfügung. Durch das Setzen von Prioritäten kannst du sicherstellen, dass du deine Zeit effizient nutzt und auf die wichtigsten Aufgaben konzentrierst, die dich deinen Zielen näher bringen.

Stressreduktion: Wenn du versuchst, alles auf einmal zu erledigen, ohne Prioritäten zu setzen, kann das zu übermäßigem Stress führen. Indem du Prioritäten setzt und realistische Erwartungen an dich selbst hast, kannst du Stress reduzieren und vermeiden, dass du dich überfordert fühlst.

Bessere Entscheidungsfindung: Prioritäten zu setzen hilft dir, klarere Entscheidungen darüber zu treffen, was wirklich wichtig ist und was nicht. Dies ermöglicht es dir, fundierte Entscheidungen zu treffen und deine Ressourcen auf die Bereiche zu konzentrieren, die den größten Nutzen bringen.

Erreichung persönlicher und beruflicher Ziele: Indem du Prioritäten setzt, kannst du deine Energie und Aufmerksamkeit auf die Aufgaben lenken, die am wichtigsten für die Erreichung deiner persönlichen und beruflichen Ziele sind. Dies erhöht die Wahrscheinlichkeit, dass du diese Ziele erreichen wirst.

Lebensqualität: Durch das Setzen von Prioritäten kannst du ein Gleichgewicht zwischen Arbeit, Familie, Freizeit und persönlicher Entwicklung schaffen. Dies kann dazu beitragen, die Lebensqualität insgesamt zu verbessern, da du Zeit für die Dinge hast, die dir am meisten bedeuten.

Selbstbewusstsein und Selbstvertrauen: Das Setzen von Prioritäten erfordert, dass du deine Ziele, Werte und Bedürfnisse klar definierst. Dieser Prozess kann zu einem besseren Selbstbewusstsein und Selbstvertrauen führen, da du besser verstehst, was dir wirklich wichtig ist.

Kontrolle über dein Leben: Wenn du Prioritäten setzt und dich darauf konzentrierst, das Wichtigste zuerst zu erledigen, gewinnst du ein größeres Gefühl von Kontrolle über dein Leben. Dies kann dazu führen, dass du dich weniger überwältigt und mehr befähigt fühlst, positive Veränderungen in deinem Leben vorzunehmen.

Insgesamt ist das Setzen von Prioritäten entscheidend für ein erfolgreiches und erfülltes Leben. Es hilft dir, deine Zeit und Energie effizient zu nutzen,

Stress abzubauen, bessere Entscheidungen zu treffen und ein ausgewogenes und glückliches Leben zu führen.

Wie Übersprunghandlungen dein Aufschieben beeinflussen

Eine Übersprunghandlung ist ein Verhalten, das Menschen in stressigen oder konflikthaften Situationen zeigen, wenn sie nicht in der Lage sind, das eigentliche Problem direkt anzugehen. Übersprunghandlungen sind oft unangemessene oder unpassende Verhaltensweisen, die nicht direkt mit der ursprünglichen Stress- oder Konfliktsituation zusammenhängen. Diese Verhaltensweisen treten auf, weil die Person versucht, Spannungen abzubauen oder einen Ausweg aus der unangenehmen Situation zu finden.

In Bezug auf Prokrastination können Übersprunghandlungen als Ablenkungs- oder Vermeidungstaktiken angesehen werden, die Menschen anwenden, um sich vor unangenehmen Aufgaben oder Entscheidungen zu drücken. Beispiele für solche Verhaltensweisen sind das Surfen im Internet, das plötzliche Aufräumen der Wohnung oder das Erledigen weniger wichtiger Aufgaben, um die Konfrontation mit der eigentlichen, wichtigen Aufgabe zu vermeiden.

Das Verständnis von Übersprunghandlungen ist wichtig, um Prokrastination zu beenden, weil es dir helfen kann:

Bewusstsein schaffen: Indem du Übersprunghandlungen erkennst, wirst du dir deiner Vermeidungstaktiken bewusst und kannst effektiver damit umgehen.

Den zugrunde liegenden Konflikt oder Stress identifizieren: Wenn du Übersprunghandlungen erkennst, kannst du versuchen, den zugrunde liegenden Konflikt oder Stress zu identifizieren, der dich dazu veranlasst, aufzuschieben. Dies kann Ängste, Selbstzweifel oder Unklarheiten bezüglich der Aufgabe sein.

Geeignete Bewältigungsstrategien entwickeln: Anstatt die Spannung durch Übersprunghandlungen abzubauen, kannst du effektivere Bewältigungsstrategien entwickeln, wie zum Beispiel das Setzen realistischer Ziele, das Erlernen von Entspannungstechniken oder das Suchen nach sozialer Unterstützung.

Prioritäten setzen und fokussieren: Indem du dich auf die tatsächlichen Probleme konzentrierst, anstatt durch Übersprunghandlungen abgelenkt zu werden, kannst du deine Prioritäten besser setzen und dich auf die wichtigen Aufgaben konzentrieren.

Verantwortung übernehmen: Das Erkennen von Übersprunghandlungen kann dir helfen, die Verantwortung für dein Aufschieben zu übernehmen und motiviert zu sein, Veränderungen vorzunehmen.

Durch das Verständnis von Übersprunghandlungen und deren Rolle bei der Prokrastination kannst du besser erkennen, wann du unangemessene Vermeidungsstrategien anwendest und die notwendigen

Schritte unternehmen, um dein Aufschieben zu beenden und produktiver zu werden.

Aufmerksamkeit fokussieren

Es ist wichtig, deine Aufmerksamkeit zu fokussieren und gegebenenfalls abzuschirmen, weil dies verschiedene Vorteile für deine Produktivität, kognitive Leistungsfähigkeit und allgemeine Lebensqualität bietet:

Erhöhte Produktivität: Indem du dich auf eine Aufgabe konzentrierst und Ablenkungen minimierst, kannst du schneller und effizienter arbeiten. Eine fokussierte Arbeitsweise ermöglicht es dir, in kürzerer Zeit mehr zu erreichen und deine Ziele schneller zu erreichen.

Verbesserte kognitive Fähigkeiten: Fokussierte Aufmerksamkeit trägt dazu bei, deine kognitiven

Fähigkeiten wie Problemlösung, kritisches Denken und Entscheidungsfindung zu verbessern. Wenn du dich voll und ganz auf eine Aufgabe konzentrierst, bist du eher in der Lage, komplexe Zusammenhänge zu erkennen und kreative Lösungen zu entwickeln.

Besseres Lernen und Gedächtnis: Wenn du deine Aufmerksamkeit auf das Lernen neuer Informationen oder Fähigkeiten fokussierst, kannst du das Material besser aufnehmen und behalten. Eine konzentrierte Arbeitsweise erleichtert es, neues Wissen in dein Langzeitgedächtnis zu übertragen.

Reduzierter Stress: Ablenkungen und Multitasking können zu erhöhtem Stress und Erschöpfung führen. Indem du deine Aufmerksamkeit fokussierst und Ablenkungen abschirmst, kannst du Stress reduzieren und ein Gefühl von Ruhe und Kontrolle bewahren.

Höhere Lebensqualität: Eine fokussierte Aufmerksamkeit ermöglicht es dir, im gegenwärtigen Moment präsent zu sein und das Leben intensiver wahrzunehmen. Dies kann sowohl bei der Arbeit als auch in deinem Privatleben zu einer höheren Lebensqualität führen.

Bessere Selbstwahrnehmung: Wenn du lernst, deine Aufmerksamkeit zu fokussieren, entwickelst du ein besseres Bewusstsein für deine eigenen Gedanken und Emotionen. Dies kann dir helfen, effektivere Bewältigungsstrategien für Stress oder negative Emotionen zu entwickeln.

Verbesserte Beziehungen: Indem du deine Aufmerksamkeit auf die Menschen um dich herum fokussierst, kannst du bessere zwischenmenschliche Beziehungen aufbauen. Aktives Zuhören und Präsenz sind entscheidend für gesunde, unterstützende Beziehungen.

Um deine Aufmerksamkeit effektiv zu fokussieren und abzuschirmen, ist es hilfreich, Ablenkungen zu minimieren, Prioritäten zu setzen, regelmäßige Pausen einzulegen und Entspannungstechniken zu praktizieren. Durch die Entwicklung dieser Fähigkeiten wirst du in der Lage sein, deine Produktivität und Lebensqualität zu verbessern.

Entschieden Entscheiden

Nicht entscheiden ist auch eine Entscheidung, weil das Ausbleiben einer Entscheidung selbst eine implizite Wahl darstellt. Indem du keine Entscheidung triffst, entscheidest du dich passiv dafür, den Status quo beizubehalten oder die Verantwortung für eine Entscheidung an äußere Umstände oder andere Personen abzugeben. Diese Art von Entscheidungsvermeidung kann langfristig negative Konsequenzen haben, da du möglicherweise wichtige Chancen verpasst oder ungewollte Ergebnisse akzeptierst.

Um bessere Entscheidungen zu treffen, kannst du verschiedene Strategien und Werkzeuge zur Entscheidungsfindung nutzen:

Informiere dich: Sammle alle relevanten Informationen und Fakten, bevor du eine Entscheidung triffst. Eine fundierte Entscheidung basiert auf einer soliden Grundlage von Wissen und Verständnis.

Pro-und-Kontra-Liste: Erstelle eine Liste der Vor- und Nachteile jeder Option. Dies kann dir helfen, die potenziellen Auswirkungen jeder Entscheidung abzuwägen und eine fundierte Wahl zu treffen.

Priorisierung: Bestimme, welche Faktoren am wichtigsten sind, und priorisiere deine Entscheidungen entsprechend. Klar definierte Prioritäten helfen dir, zielgerichtete Entscheidungen zu treffen, die deinen langfristigen Zielen und Werten entsprechen.

Die SMART-Methode: Stelle sicher, dass deine Entscheidungen spezifisch, messbar, erreichbar, realistisch und zeitlich begrenzt sind. Die SMART-Methode kann dir helfen, klare und praktikable Entscheidungen zu treffen, die zu greifbaren Ergebnissen führen.

Konsultation und Beratung: Suche Rat von vertrauenswürdigen Freunden, Familienmitgliedern oder

Kollegen, die möglicherweise wertvolle Perspektiven oder Fachkenntnisse bieten können.

Entscheidungsmatrizen: Nutze Entscheidungsmatrizen, um die verschiedenen Aspekte einer Entscheidung zu bewerten und zu vergleichen. Dies kann dir helfen, eine objektive und strukturierte Herangehensweise an die Entscheidungsfindung zu entwickeln.

Intuition und Bauchgefühl: Berücksichtige auch deine Intuition oder dein Bauchgefühl bei Entscheidungen. Manchmal können emotionale und intuitive Reaktionen wertvolle Einblicke bieten, die auf früheren Erfahrungen oder unbewussten Überlegungen basieren.

Worst-Case-Szenario-Analyse: Betrachte das Worst-Case-Szenario für jede Option, um mögliche Risiken und negative Auswirkungen zu bewerten. Dies kann dir helfen, eine Entscheidung zu treffen, die die Wahrscheinlichkeit unerwünschter Ergebnisse minimiert.

Bereitschaft, Entscheidungen zu überdenken: Sei offen dafür, Entscheidungen zu überdenken und bei Bedarf anzupassen. Niemand trifft immer die perfekte Entscheidung, und es ist wichtig, aus Fehlern zu lernen und sich an veränderte Umstände anzupassen.

Indem du diese Strategien und Werkzeuge zur Entscheidungsfindung anwendest, kannst du fundiertere Entscheidungen treffen, die sowohl kurzfristige als auch langfristige positive Ergebnisse fördern:

Begrenzte Experimente: Wenn du in einer Situation bist, in der mehrere Lösungen möglich sind, aber keine offensichtlich überlegen ist, erwäge begrenzte Experimente. Teste verschiedene Ansätze in kleinem Maßstab, um herauszufinden, welche am besten funktionieren, bevor du dich auf eine bestimmte Lösung festlegst.

Zeitliche Perspektive: Betrachte die möglichen Auswirkungen deiner Entscheidung auf verschiedene Zeithorizonte. Was sind die kurzfristigen, mittelfristigen und langfristigen Folgen? Eine breitere zeitliche Perspektive kann dir helfen, Entscheidungen zu treffen, die langfristig nachhaltig und vorteilhaft sind.

Visualisierungstechniken: Nutze Visualisierungstechniken, um dir vorzustellen, wie das Ergebnis jeder Entscheidung aussehen würde. Diese Methode kann dir helfen, ein klareres Bild von den möglichen Ergebnissen zu erhalten und deine Entscheidungsfindung zu unterstützen.

Entspannungs- und Stressbewältigungstechniken: Übe Entspannungstechniken wie tiefe Atmung, Meditation oder Yoga, um Stress abzubauen und einen klareren Geisteszustand für die Entscheidungsfindung zu erreichen. Ein entspannter und fokussierter Geist ist besser in der Lage, objektiv und effektiv zu denken.

Deadline setzen: Gib dir selbst eine Frist für die Entscheidungsfindung. Eine Deadline kann helfen, den Druck zu erhöhen und dich dazu bringen, eine Entscheidung zu treffen, anstatt sie auf unbestimmte Zeit aufzuschieben.

Reflektiere und lerne: Nachdem du eine Entscheidung getroffen hast, nimm dir Zeit, um darüber zu reflektieren und daraus zu lernen. Was hat gut funktioniert? Was könntest du beim nächsten Mal anders machen? Diese Reflexion kann dir helfen, in Zukunft bessere Entscheidungen zu treffen.

Indem du diese verschiedenen Strategien und Werkzeuge zur Entscheidungsfindung einsetzt, kannst du fundiertere Entscheidungen treffen, die sowohl kurzfristige als auch langfristige positive Ergebnisse fördern. Die Fähigkeit, kluge Entscheidungen zu treffen, ist entscheidend für den persönlichen und beruflichen Erfolg und kann dazu beitragen, dass du ein erfüllteres und zufriedeneres Leben führst.

Motivation

Motivation ist von entscheidender Bedeutung, da sie die treibende Kraft hinter unserem Handeln und unseren Entscheidungen ist. Sie hilft uns, Ziele zu setzen, Herausforderungen zu bewältigen und Veränderungen in unserem Leben herbeizuführen. Ohne Motivation fällt es uns schwer, Fortschritte zu erzielen, und wir könnten in Inaktivität und Unzufriedenheit verharren. Daher ist es wichtig zu wissen, wie man Motivation aufbaut und beibehält, um ein erfolgreiches und erfülltes Leben zu führen.

Hier sind einige Strategien, um Motivation aufzubauen und beizubehalten:

Setze klare und realistische Ziele: Definiere spezifische, messbare und erreichbare Ziele, die sowohl kurz- als auch langfristig sind. Klare Ziele geben dir einen Fokus und einen Zweck, der dir dabei hilft, motiviert zu bleiben.

Finde deine intrinsische Motivation: Identifiziere die Gründe, die dich persönlich antreiben, ein bestimmtes Ziel zu verfolgen. Intrinsische Motivation, wie Leidenschaft, Interesse oder persönliche Erfüllung, ist oft stärker und nachhaltiger als extrinsische Motivation, die auf äußeren Belohnungen wie Geld oder Anerkennung basiert.

Plane kleine Schritte: Zerlege große Ziele in kleinere, überschaubare Schritte oder Aufgaben. Dies erleichtert es, Fortschritte zu erkennen und aufrechtzuerhalten, während du dich einem größeren Ziel näherst.

Visualisiere den Erfolg: Stelle dir vor, wie es sich anfühlen würde, dein Ziel zu erreichen. Visualisierung kann dir helfen, ein klares Bild von dem gewünschten Ergebnis zu haben und die Motivation zu steigern, um dorthin zu gelangen.

Belohne dich selbst: Setze Meilensteine und feiere deine Erfolge, auch die kleinen. Belohnungen können eine kraftvolle Motivationsquelle sein und dazu beitragen, dass du auf Kurs bleibst.

Suche soziale Unterstützung: Teile deine Ziele und Fortschritte mit Familie, Freunden oder Kollegen. Soziale Unterstützung kann dir helfen, motiviert zu bleiben, und es ist oft einfacher, gemeinsam mit anderen an Zielen zu arbeiten.

Lerne aus Rückschlägen: Erkenne, dass Rückschläge unvermeidlich sind und nutze sie als Gelegenheit, um zu lernen und zu wachsen. Eine resiliente Haltung hilft dir, motiviert zu bleiben und Herausforderungen zu überwinden.

Halte deine Motivation im Auge: Überprüfe regelmäßig deine Fortschritte und erinnere dich an die Gründe, warum du ein bestimmtes Ziel verfolgst. Wenn du bemerkst, dass deine Motivation nachlässt, überlege, welche Faktoren dazu beitragen, und versuche, diese anzugehen.

Pflege eine positive Einstellung: Übe Optimismus, Selbstvertrauen und Dankbarkeit. Eine positive Einstellung kann dazu beitragen, die Motivation zu steigern und dir helfen, Herausforderungen zu bewältigen.

Bleibe flexibel: Sei offen für Veränderungen und bereit, deine Pläne oder Ziele anzupassen, wenn sich Umstände ändern oder neue Informationen verfügbar werden. Flexibilität ermöglicht es dir, motiviert zu bleiben, auch wenn du auf Hindernisse stößt oder deine Prioritäten sich verschieben.

Entwickle Routinen und Gewohnheiten: Schaffe Routinen, die dir helfen, konsequent an deinen Zielen zu arbeiten. Gewohnheiten können deine Motivation unterstützen, indem sie dafür sorgen, dass das Streben nach deinen Zielen zu einem festen Bestandteil deines täglichen Lebens wird.

Setze realistische Erwartungen: Erwarte nicht, dass du sofortige Ergebnisse erzielst. Verstehe, dass Fortschritt Zeit braucht und dass es normal ist, Höhen und Tiefen zu erleben. Realistische Erwartungen helfen dir, motiviert zu bleiben und Frustrationen zu minimieren.

Lerne von anderen: Suche nach Inspiration bei Menschen, die ähnliche Ziele erreicht haben oder die du bewunderst. Ihre Erfolgsgeschichten können dir wertvolle Einblicke und Motivation bieten, um weiterzumachen.

Vermeide Prokrastination: Prokrastination kann deine Motivation stark beeinträchtigen. Übe Techniken, um Aufschieben zu vermeiden, wie z.b. die

Pomodoro-Technik, um fokussiert und engagiert zu bleiben.

Selbstreflexion: Nimm dir regelmäßig Zeit, um über deine Fortschritte, Ziele und Motivation nachzudenken. Selbstreflexion hilft dir, Schwächen und Stärken zu erkennen und mögliche Anpassungen vorzunehmen, um deine Motivation zu steigern.

Indem du diese Strategien anwendest, kannst du Motivation aufbauen und beibehalten, um erfolgreich an deinen Zielen zu arbeiten. Es ist wichtig, daran zu erinnern, dass Motivation ein dynamischer Prozess ist, der Anstrengung und Engagement erfordert. Bleibe offen für Veränderungen und sei bereit, dich auf neue Herausforderungen einzustellen, um langfristig motiviert und erfolgreich zu sein.

Das Rubikon Prinzip

Das Rubikonprinzip ist ein psychologisches Konzept, das auf den Ereignissen und der Symbolik von Julius Cäsar basiert, der im Jahr 49 v. Chr. den Fluss Rubikon in Norditalien überschritt. Das Überschreiten des Rubikon war ein kritischer Moment, der Cäsar und seine Truppen in einen Bürgerkrieg führte und das Ende der römischen Republik besiegelte. Der Ausdruck „den Rubikon überschreiten" bedeutet heute, einen Punkt ohne Umkehr zu erreichen oder eine Entscheidung zu treffen, die nicht mehr rückgängig gemacht werden kann.

Das Rubikonprinzip kann in Bezug auf das Aufschieben angewendet werden, indem es als Metapher für einen mentalen Schwellenwert dient, der erreicht werden muss, um eine Aufgabe oder ein Ziel zu beginnen und den Zyklus der Prokrastination zu durchbrechen. In diesem Zusammenhang bezieht sich das Prinzip auf den Prozess der psychologischen Verpflichtung gegenüber einer Aufgabe oder einem Ziel und das Treffen einer unwiderruflichen Entscheidung, um das Aufschieben zu überwinden.

Hier sind einige Aspekte des Rubikonprinzips, die beim Aufschieben relevant sind:

Mentale Hürden überwinden: Das Rubikonprinzip erfordert, dass wir mentale Barrieren oder Hürden identifizieren und überwinden, die uns davon abhalten, eine Aufgabe zu beginnen. Dies kann Selbstzweifel, Ängste oder andere negative Gedanken und Emotionen beinhalten.

Entscheidung treffen: Indem wir eine klare und feste Entscheidung treffen, eine Aufgabe zu beginnen, überschreiten wir symbolisch den Rubikon. Diese Entscheidung hilft uns, uns auf die Aufgabe zu konzentrieren und das Aufschieben hinter uns zu lassen.

Verpflichtung: Wenn wir den Rubikon überschreiten, verpflichten wir uns, die Aufgabe oder das Ziel zu erreichen, unabhängig von den Schwierigkeiten oder Herausforderungen, die auf dem Weg liegen. Diese Verpflichtung hilft uns, engagiert und fokussiert zu bleiben.

Handlungsorientierung: Nachdem wir den Rubikon überschritten haben, liegt der Schwerpunkt auf Handlung und Umsetzung. Wir konzentrieren uns darauf, Schritte zu unternehmen und Fortschritte zu erzielen, anstatt auf Ängste, Selbstzweifel oder andere Ablenkungen.

Das Rubikonprinzip bietet einen hilfreichen Rahmen für das Verständnis der psychologischen Mechanismen hinter dem Aufschieben und bietet einen Ansatz, um den Zyklus der Prokrastination zu durchbrechen. Indem wir uns bewusst für eine Aufgabe oder ein Ziel verpflichten, uns mental darauf vorbereiten und uns auf die erforderlichen Handlungen konzentrieren, können wir den Rubikon überschreiten und das Aufschieben hinter uns lassen.

Wille und Willenskraft

Willen, auch als Willenskraft bezeichnet, ist die Fähigkeit, bewusste Entscheidungen zu treffen und kontrollierte Handlungen auszuführen, die auf die Erreichung von Zielen oder die Umsetzung von Absichten abzielen. Willenskraft ist eng mit Selbstkontrolle, Disziplin und Entschlossenheit verbunden und ermöglicht es uns, Ablenkungen und Hindernissen zu widerstehen, um konsequent und fokussiert an unseren Zielen zu arbeiten.

Um Willenskraft aufzubauen und ein starker Charakter zu werden, können die folgenden Schritte hilfreich sein:

Setze klare und realistische Ziele: Die Grundlage für Willenskraft ist das Wissen, was du erreichen möchtest. Definiere spezifische, messbare und erreichbare Ziele, die sowohl kurz- als auch langfristig sind.

Entwickle Selbstbewusstsein: Lerne, deine Gedanken, Emotionen und Verhaltensweisen zu erkennen und zu verstehen. Selbstbewusstsein hilft dir, deine Stärken und Schwächen zu identifizieren und Strategien zu entwickeln, um deine Willenskraft zu stärken.

Übe Selbstkontrolle: Trainiere deine Fähigkeit, Impulsen und Versuchungen zu widerstehen, die dich von deinen Zielen ablenken könnten. Selbstkontrolle kann durch regelmäßiges Üben und Herausforderungen gestärkt werden, die deine Willenskraft testen.

Schaffe positive Gewohnheiten: Ersetze schlechte Gewohnheiten durch positive, die deinem Ziel dienen. Gewohnheiten können Willenskraft unterstützen, indem sie dazu beitragen, dass das Streben nach deinen Zielen zu einem festen Bestandteil deines täglichen Lebens wird.

Priorisiere und plane: Lerne, deine Zeit und Ressourcen effektiv zu nutzen, indem du Prioritäten setzt und einen Plan erstellst, um auf deine

Ziele hinzuarbeiten. Dies hilft dir, fokussiert und entschlossen zu bleiben.

Pflege Resilienz: Entwickle die Fähigkeit, Rückschläge und Hindernisse zu bewältigen und daraus zu lernen. Resilienz ist ein Schlüsselelement eines starken Charakters und hilft dir, trotz Schwierigkeiten motiviert und engagiert zu bleiben.

Suche soziale Unterstützung: Umgebe dich mit Menschen, die deine Ziele teilen oder unterstützen. Soziale Unterstützung kann deine Willenskraft stärken und dir helfen, Herausforderungen gemeinsam zu bewältigen.

Belohne dich selbst: Anerkenne und feiere deine Erfolge, um deine Motivation und Willenskraft zu stärken. Belohnungen können eine wichtige Rolle bei der Aufrechterhaltung der Disziplin und Entschlossenheit spielen.

Übe Geduld und Ausdauer: Verstehe, dass die Entwicklung von Willenskraft und die Erreichung von Zielen Zeit und Anstrengung erfordern. Sei geduldig und bleibe trotz Rückschlägen und Hindernissen entschlossen.

Fördere eine Wachstumsmentalität: Glaube an deine Fähigkeit, dich weiterzuentwickeln und zu wachsen. Eine Wachstumsmentalität hilft dir, Herausforderungen als Gelegenheiten zur Verbesserung zu betrachten und fördert deine Bereitschaft, kontinuierlich an deinen Zielen und deinem Charakter zu arbeiten.

Selbstreflexion und Anpassung: Nimm dir regelmäßig Zeit, um über deine Fortschritte, Ziele und Willenskraft nachzudenken. Selbstreflexion hilft dir, Schwächen und Stärken zu erkennen und mögliche Anpassungen vorzunehmen, um deine Willenskraft zu steigern.

Lerne von Vorbildern: Suche nach Menschen, die für ihre Willenskraft und ihren starken Charakter bekannt sind. Ihre Geschichten und Erfahrungen können dir wertvolle Einblicke und Inspiration bieten, um deine eigene Willenskraft und Entschlossenheit zu stärken.

Indem du diese Strategien und Praktiken verfolgst, kannst du deine Willenskraft aufbauen und ein starker Charakter werden. Es ist wichtig zu beachten, dass Willenskraft und Charakterentwicklung kontinuierliche Prozesse sind, die Zeit, Anstrengung und Hingabe erfordern. Bleibe offen für Veränderungen, lerne aus Rückschlägen und Herausforderungen, und verpflichte dich, kontinuierlich an deinem persönlichen Wachstum zu arbeiten.

Impulskontrolle

Die Impulskontrolle ist ein entscheidender Faktor für den Erfolg beim Erreichen von Zielen, da sie dazu beiträgt, dass man fokussiert und diszipliniert bleibt. Wenn man seine Impulse kontrollieren kann, ist es einfacher, auf lange Sicht motiviert zu bleiben und Rückschläge zu bewältigen. Hier sind einige Gründe, warum die Impulskontrolle so wichtig ist:

Langfristiges Denken: Die Kontrolle von Impulsen fördert das langfristige Denken und hilft dabei, nicht von kurzfristigen Verlockungen abgelenkt zu werden. So kann man seine Ziele besser verfolgen.

Emotionale Stabilität: Die Fähigkeit, Impulse zu kontrollieren, hilft dabei, emotionale Stabilität zu bewahren, was wichtig ist, um in schwierigen Zeiten rational und fokussiert zu bleiben.

Selbstbeherrschung: Die Impulskontrolle fördert die Selbstbeherrschung, was dazu beiträgt, dass man in Versuchungssituationen standhaft bleibt und sich auf das Erreichen seiner Ziele konzentriert.

Effektives Zeitmanagement: Die Kontrolle von Impulsen ermöglicht es, die eigene Zeit effektiver zu nutzen, indem man unnötige Ablenkungen vermeidet und sich auf produktive Aufgaben konzentriert.

Es gibt mehrere Methoden, um Impulse zu kontrollieren:

Achtsamkeit: Durch das Praktizieren von Achtsamkeit kann man sich seiner Gedanken und Gefühle bewusster werden und so Impulsen besser widerstehen.

Verzögerungstaktik: Wenn man einen Impuls verspürt, kann man sich selbst eine kurze Verzögerung auferlegen, bevor man handelt. Dadurch hat man Zeit, über die Konsequenzen nachzudenken und eine informierte Entscheidung zu treffen.

Umgebungsgestaltung: Man kann seine Umgebung so gestalten, dass sie das Erreichen der Ziele unterstützt und Ablenkungen minimiert. Zum Beispiel kann man sein Handy während der Arbeitszeit in einem anderen Raum lassen.

Selbstreflexion: Regelmäßige Selbstreflexion kann dazu beitragen, die eigenen Impulse besser zu ver-

stehen und Strategien zur Impulskontrolle zu entwickeln.

Planung und Zielsetzung: Durch das Setzen realistischer Ziele und das Entwickeln eines konkreten
Aktionsplans kann man sich besser auf seine Ziele
konzentrieren und weniger anfällig für Impulse
sein.

Soziale Unterstützung: Freunde, Familie und
Mentoren können dazu beitragen, Impulse in
Schach zu halten, indem sie Ermutigung, Rat-
schläge und Unterstützung bieten.

Indem man diese Methoden anwendet, kann man
seine Impulse besser kontrollieren und so effektiver
auf seine Ziele hinarbeiten.

Gib deinem Verlangen nicht nach

Es ist wichtig, seinen Verlangen und Begierden nicht blindlings zu folgen, weil sie oft kurzfristig ausgerichtet sind und langfristig negative Auswirkungen haben können. Unkontrollierte Verlangen und Begierden können zu schlechten Entscheidungen, ungesunden Gewohnheiten und im schlimmsten Fall zu Suchtverhalten führen. Hier sind einige Gründe, warum es wichtig ist, seinen Verlangen und Begierden nicht nachzugeben:

Langfristige Zufriedenheit: Indem man kurzfristigen Verlangen widersteht, kann man langfristigere Ziele verfolgen, die zu größerer Zufriedenheit und Erfolg im Leben führen.

Selbstbeherrschung: Die Fähigkeit, Verlangen und Begierden zu kontrollieren, stärkt die Selbstbeherrschung, was für persönliches Wachstum und Erfolg unerlässlich ist.

Gesunde Entscheidungen: Die Kontrolle über Verlangen und Begierden ermöglicht es, gesündere Entscheidungen zu treffen, sei es in Bezug auf Ernährung, körperliche Aktivität oder soziale Interaktionen.

Stressbewältigung: Unkontrollierte Verlangen und Begierden können zu Stress und emotionaler Instabilität führen. Die Kontrolle dieser Emotionen kann helfen, Stress abzubauen und das allgemeine Wohlbefinden zu fördern.

Um den eigenen Willen zu kontrollieren und den Verlangen und Begierden nicht nachzugeben, kann man folgende Strategien anwenden:

Achtsamkeitspraxis: Achtsamkeit hilft, sich seiner Gedanken und Gefühle bewusst zu werden und ermöglicht es, aufkommende Verlangen und Begierden zu erkennen und bewusst zu entscheiden, ob man ihnen nachgeben möchte oder nicht.

Ersetzen von ungesunden Verlangen: Identifiziere ungesunde Verlangen und ersetze sie durch gesündere Alternativen. Zum Beispiel kann man den Drang, ungesunde Snacks zu essen, durch den Verzehr von Obst oder Gemüse ersetzen.

Langfristige Ziele im Auge behalten: Fokussiere dich auf deine langfristigen Ziele und überlege, wie das Nachgeben von Verlangen und Begierden diese Ziele beeinflussen könnte.

Ablenkung: Wenn ein Verlangen oder eine Begierde aufkommt, lenke dich ab, indem du eine andere Aktivität ausführst, die deine Gedanken von dem Verlangen ablenkt.

Soziale Unterstützung: Suche Unterstützung von Freunden, Familie oder einer Selbsthilfegruppe, um Verlangen und Begierden gemeinsam zu bewältigen.

Selbstreflexion: Reflektiere regelmäßig über deine Fortschritte und Erfolge bei der Kontrolle deiner

Verlangen und Begierden, um Motivation und Selbstbewusstsein aufrechtzuerhalten.

Indem man diese Strategien anwendet und kontinuierlich daran arbeitet, seine Verlangen und Begierden zu kontrollieren, kann man langfristig ein erfüllteres und erfolgreicheres Leben führen.

Erhöhe deine Frustationstoleranz

Eine hohe Frustrationstoleranz ist wichtig, sowohl im Hinblick auf das Erreichen von Zielen als auch im allgemeinen Leben, weil sie dazu beiträgt, Herausforderungen und Rückschläge besser zu bewältigen. Hier sind einige Gründe, warum eine hohe Frustrationstoleranz von Bedeutung ist:

Resilienz: Eine hohe Frustrationstoleranz fördert die Resilienz, die Fähigkeit, sich von Rückschlägen und Schwierigkeiten zu erholen. Diese Fähigkeit hilft, langfristig erfolgreich zu sein und das allgemeine Wohlbefinden zu erhalten.

Problemlösung: Menschen mit einer hohen Frustrationstoleranz sind eher in der Lage, proaktiv Probleme anzugehen und Lösungen zu finden, anstatt von Schwierigkeiten überwältigt zu werden. Dies unterstützt das Erreichen von Zielen und die Bewältigung von Alltagsherausforderungen.

Geduld und Ausdauer: Eine hohe Frustrationstoleranz ermöglicht es, geduldig und ausdauernd zu sein, selbst wenn Fortschritte langsam sind oder Hindernisse auftreten. Diese Eigenschaften sind entscheidend für das Erreichen von langfristigen Zielen.

Emotionale Intelligenz: Menschen mit einer hohen Frustrationstoleranz sind in der Regel besser in der Lage, ihre Emotionen zu regulieren und mit Stress umzugehen. Dies trägt zur emotionalen Intelligenz bei und unterstützt effektive Kommunikation und Beziehungen.

Selbstbewusstsein und Selbstwertgefühl: Eine hohe Frustrationstoleranz kann dazu beitragen, ein gesundes Selbstbewusstsein und Selbstwertgefühl aufzubauen, da man lernt, Schwierigkeiten als Wachstumschancen zu betrachten, anstatt sich von ihnen entmutigen zu lassen.

Um eine hohe Frustrationstoleranz zu entwickeln, kann man folgende Strategien anwenden:

Realistische Erwartungen setzen: Setze realistische Ziele und Erwartungen, um Enttäuschungen und unnötigen Frustrationen vorzubeugen.

Achtsamkeit üben: Durch Achtsamkeitspraxis kann man lernen, mit schwierigen Emotionen umzugehen und sich bewusster der eigenen Reaktionen auf Frustration zu werden.

Selbstreflexion: Regelmäßige Selbstreflexion hilft dabei, die eigenen Reaktionen auf Frustration besser zu verstehen und zu erkennen, welche Bewältigungsstrategien am effektivsten sind.

Problemlösungsstrategien entwickeln: Lerne, proaktiv mit Problemen umzugehen und verschiedene Lösungsansätze auszuprobieren, um Frustrationen besser bewältigen zu können.

Soziale Unterstützung suchen: Sprich mit Freunden, Familie oder einem Therapeuten über deine Frustrationen und suche Unterstützung und Ratschläge, um sie besser bewältigen zu können.

Durch die Entwicklung einer hohen Frustrationstoleranz wird man besser gerüstet sein, um mit den Herausforderungen des Lebens und dem Streben nach Zielen umzugehen. Dies kann dazu beitragen, langfristig erfolgreich und zufrieden zu sein, sowohl persönlich als auch beruflich.

Flexibilität üben: Lerne, flexibel zu sein und dich an Veränderungen anzupassen, anstatt auf einer bestimmten Vorgehensweise oder einem bestimmten Ergebnis zu bestehen. Flexibilität kann dazu beitragen, Frustrationen abzubauen und ermöglicht es, alternative Wege zum Erfolg zu erkunden.

Positives Denken kultivieren: Versuche, eine positive Einstellung zu bewahren und auf Erfolge und Fortschritte zu fokussieren, anstatt auf Misserfolge und Enttäuschungen. Eine positive Einstellung kann dazu beitragen, Frustrationen in einem anderen Licht zu sehen und sie als Chancen zur Verbesserung und Wachstum zu betrachten.

Selbstmitgefühl entwickeln: Lerne, dir selbst gegenüber verständnisvoll und mitfühlend zu sein, insbesondere in Zeiten von Frustration und Rückschlägen. Selbstmitgefühl kann dazu beitragen, die Selbstkritik abzumildern und den Umgang mit Frustrationen zu erleichtern.

Zeiteinteilung und Priorisierung: Verbessere deine Fähigkeiten in der Zeiteinteilung und setze Prioritäten, um den Fortschritt in Richtung deiner Ziele effektiver zu gestalten. Dies kann dazu beitragen,

Frustrationen im Zusammenhang mit Zeitdruck und mangelnder Produktivität zu reduzieren.

Erfolge feiern: Nimm dir die Zeit, deine Erfolge und Fortschritte zu feiern, egal wie klein sie sind. Dies kann dazu beitragen, Motivation und Selbstwertgefühl aufrechtzuerhalten und die Frustration über unerfüllte Ziele abzumildern.

Indem man diese Strategien anwendet und kontinuierlich an der Entwicklung einer hohen Frustrationstoleranz arbeitet, wird man widerstandsfähiger gegenüber den Herausforderungen des Lebens und besser gerüstet sein, um persönliche und berufliche Ziele zu erreichen. Eine hohe Frustrationstoleranz trägt wesentlich zu einem erfüllteren, glücklicheren und erfolgreichen Leben bei.

Dranbleiben , nicht immer wieder aufhören

Es ist wichtig, an einer Aufgabe dranzubleiben, nicht aufzuhören und sie abzuschließen, weil dies mehrere Vorteile und positive Auswirkungen auf verschiedene Aspekte unseres Lebens hat:

Zielerreichung: Wenn wir an einer Aufgabe dranbleiben und sie abschließen, erhöhen wir die Wahrscheinlichkeit, unsere Ziele zu erreichen. Das Erreichen von Zielen trägt zu unserem persönlichen und beruflichen Wachstum bei und fördert unser Selbstvertrauen und Selbstwertgefühl.

Produktivität: Durch das kontinuierliche Arbeiten an einer Aufgabe und das Abschließen von Projekten steigern wir unsere Produktivität. Eine höhere Produktivität ermöglicht es uns, mehr in kürzerer Zeit zu erreichen und trägt zur Verbesserung unserer Lebensqualität bei.

Selbstbewusstsein und Selbstvertrauen: Wenn wir Dinge abschließen, stärken wir unser Selbstbewusstsein und Selbstvertrauen. Erfolgserlebnisse motivieren uns, weiterhin hart zu arbeiten und schwierige Aufgaben anzugehen.

Verantwortung und Zuverlässigkeit: Indem wir an einer Aufgabe dranbleiben und sie abschließen, zeigen wir Verantwortungsbewusstsein und Zuverlässigkeit. Dies sind wichtige Eigenschaften, die sowohl im persönlichen als auch im beruflichen Leben geschätzt werden und zu einer verbesserten Reputation führen können.

Stressabbau: Unvollendete Aufgaben können zu erhöhtem Stress und Unzufriedenheit führen. Indem wir Aufgaben abschließen, reduzieren wir den Stress, der mit offenen Aufgaben und To-Do-Listen verbunden ist.

Lern und Wachstumschancen: Durch das Durchhalten und Abschließen von Aufgaben erhalten wir die Möglichkeit, aus unseren Erfahrungen zu lernen und uns persönlich und beruflich weiterzuentwickeln.

Problem- und Konfliktlösung: Das Dranbleiben und Abschließen von Aufgaben zeigt, dass wir in der Lage sind, Probleme und Konflikte zu bewältigen, indem wir Lösungen entwickeln und umsetzen.

Verbesserte Zeitmanagementfähigkeiten: Wenn wir uns darauf konzentrieren, eine Aufgabe abzuschließen, verbessern wir unsere Fähigkeit, unsere Zeit effektiv zu nutzen. Gutes Zeitmanagement ist entscheidend für ein erfolgreiches und ausgeglichenes Leben.

Verringerte Prokrastination: Indem wir uns darauf konzentrieren, Aufgaben abzuschließen, reduzieren wir die Prokrastination, die oft zu Frustration und Unzufriedenheit führt.

Erfolg und Zufriedenheit: Abschließend trägt das Dranbleiben und Abschließen von Aufgaben zu unserem allgemeinen Erfolg und unserer Zufriedenheit bei, indem wir konkrete Ergebnisse sehen und wissen, dass wir unsere Ziele erreicht haben.

Um langfristige Vorteile zu erzielen, ist es entscheidend, die Gewohnheit zu entwickeln, an Aufgaben dranzubleiben und sie abzuschließen. Dies führt zu einem erfolgreichen, erfüllten und zufriedenen Leben.

Ein Schlüssel ist die Selbstkontrolle

Selbstkontrolle ist die Fähigkeit, Impulsen, Versuchungen und unmittelbaren Belohnungen zu widerstehen, um langfristige Ziele zu erreichen. Es ist ein wichtiger Aspekt der Selbstregulierung und spielt eine entscheidende Rolle dabei, Aufschieben zu vermeiden und produktiv zu bleiben.

Das Marshmallow-Experiment ist ein bekanntes psychologisches Experiment, das von Walter Mischel in den 1960er und 1970er Jahren an der Stanford University durchgeführt wurde. Das Experiment untersuchte die Fähigkeit von Kindern, ihre Impulse zu kontrollieren, um eine größere Belohnung in der Zukunft zu erhalten. Im Experiment wurde jedem Kind ein Marshmallow angeboten, mit der Option, es sofort zu essen oder zu warten, bis der Versuchsleiter zurückkehrte (nach etwa 15 Minuten), um ein zweites Marshmallow zu bekommen, wenn sie das erste nicht gegessen hatten.

Das Experiment und seine Nachfolgestudien zeigten, dass die Kinder, die in der Lage waren, ihre Impulse zu kontrollieren und auf die zweite Belohnung zu warten, im späteren Leben bessere Ergebnisse in Bezug auf akademische Leistungen, soziale Kompetenz und allgemeines Wohlbefinden erzielten.

In Bezug auf das Aufschieben ist das Marshmallow-Experiment relevant, weil es zeigt, wie Selbstkontrolle und die Fähigkeit, kurzfristige Belohnungen zugunsten langfristiger Ziele zu verzögern, zu positiven Ergebnissen im Leben führen können. Aufschieben ist oft das Ergebnis eines Mangels an Selbstkontrolle, bei dem wir uns für sofortige Befriedigung entscheiden (z. B. Freizeitaktivitäten, soziale Medien oder Fernsehen) anstelle von Aufgaben, die langfristige Vorteile bieten (z. B. Studium, Arbeit oder Selbstverbesserung).

Um Aufschieben zu vermeiden und die Selbstkontrolle zu stärken, können wir einige Strategien anwenden, die uns helfen, unseren Fokus auf langfristige Ziele zu richten:

Setze klare, messbare und erreichbare Ziele, um ein Gefühl von Richtung und Zweck zu schaffen.

Entwickle positive Gewohnheiten, die deinen Zielen entsprechen und dich auf Kurs halten.

Vermeide Ablenkungen, indem du deine Umgebung so gestaltest, dass sie förderlich für die Arbeit ist.

Nutze Techniken wie die Pomodoro-Technik, um konzentriert und engagiert zu bleiben.

Belohne dich für das Erreichen von Meilensteinen und die Einhaltung deiner Ziele.

Übe regelmäßig Selbstreflexion, um deine Fortschritte und Herausforderungen zu bewerten und Anpassungen vorzunehmen.

Indem wir Selbstkontrolle üben und uns auf langfristige Ziele konzentrieren, können wir Aufschieben überwinden und unsere Produktivität, Erfolge und allgemeines Wohlbefinden steigern.

Wichtig ist eine grosse Frustationstoleranz

Frustrationstoleranz und Impulskontrolle sind zwei wesentliche Fähigkeiten, die für das Erreichen von Zielen von großer Bedeutung sind. Beide sind Aspekte der emotionalen Intelligenz und Selbstregulierung, die uns helfen, mit Widrigkeiten und Versuchungen umzugehen und unser Verhalten und unsere Emotionen effektiv zu steuern.

Frustrationstoleranz: Frustrationstoleranz bezieht sich auf die Fähigkeit, mit Unannehmlichkeiten, Rückschlägen, Enttäuschungen und anderen negativen Emotionen umzugehen, ohne übermäßig gestresst oder überwältigt zu werden. Eine hohe Frustrationstoleranz ermöglicht es uns, schwierige Situationen zu bewältigen und konstruktive Lösungen für Probleme zu finden. Bei der Verfolgung von Zielen ist es unvermeidlich, auf Hindernisse und Herausforderungen zu stoßen. Eine gute Frustrationstoleranz hilft uns, in solchen Situationen ruhig und gelassen zu bleiben und kreative Wege zu finden, um unsere Ziele trotz Widrigkeiten zu erreichen.

Impulskontrolle: Impulskontrolle ist die Fähigkeit, impulsives Verhalten und kurzfristige Versuchungen zu kontrollieren, um langfristige Ziele zu erreichen. Die Fähigkeit, unsere Impulse zu kontrollieren, ermöglicht es uns, Prioritäten zu setzen und uns auf Aufgaben zu konzentrieren, die uns näher an unsere Ziele bringen, anstatt uns von Ablenkungen ablenken zu lassen. Impulskontrolle hilft uns auch, bessere Entscheidungen zu treffen, indem wir unsere Emotionen und Reaktionen bewusst steuern und sorgfältig über unsere Handlungen nachdenken.

Sowohl Frustrationstoleranz als auch Impulskontrolle sind entscheidend für das Erreichen von Zielen aus mehreren Gründen:

Sie fördern Durchhaltevermögen und Resilienz: Wenn wir mit Frustration umgehen und unsere Impulse kontrollieren können, sind wir besser gerüstet, um trotz Rückschlägen und Hindernissen an unseren Zielen festzuhalten und uns von Misserfolgen zu erholen.

Sie erhöhen die Produktivität: Die Fähigkeit, sich auf langfristige Ziele zu konzentrieren und sich nicht von Ablenkungen ablenken zu lassen, führt zu einer höheren Produktivität und effektiverem Zeitmanagement.

Sie verbessern die Entscheidungsfindung: Frustrationstoleranz und Impulskontrolle ermöglichen es uns, klare, gut durchdachte Entscheidungen zu treffen, die unseren Zielen dienen, anstatt uns von Emotionen oder kurzfristigen Versuchungen leiten zu lassen.

Sie fördern persönliches Wachstum: Die Fähigkeit, mit Frustration umzugehen und Impulse zu kontrollieren, erfordert Selbstreflexion und Selbstbewusstsein, was zu einem besseren Verständnis unserer eigenen Stärken und Schwächen führt und Raum für persönliches Wachstum und Entwicklung schafft.

Um Frustrationstoleranz und Impulskontrolle zu verbessern, können wir verschiedene Strategien und Techniken anwenden:

Selbstreflexion: Nehmen Sie sich regelmäßig Zeit, um Ihre Emotionen, Gedanken und Verhaltensweisen zu analysieren und zu verstehen. Dies hilft Ihnen, mögliche Muster oder Trigger zu erkennen und angemessene Bewältigungsstrategien zu entwickeln.

Atemübungen und Entspannungstechniken: Lernen Sie, in stressigen oder frustrierenden Situationen bewusst zu atmen und Entspannungstechniken wie Meditation oder progressive Muskelentspannung anzuwenden, um Ihre Emotionen besser zu regulieren.

Zielführendes Denken

Erkennen und hinterfragen Sie negative oder unproduktive Denkmuster, die Ihre Frustrationstoleranz und Impulskontrolle beeinträchtigen können. Ersetzen Sie diese Denkmuster durch positivere und realistischere Gedanken.

Zeitmanagement: Planen Sie Ihre Zeit effektiv, um Prioritäten zu setzen und Ablenkungen zu minimieren. Nutzen Sie Techniken wie die Pomodoro-Technik, um Ihre Konzentration aufrechtzuerhalten und sich auf Ihre Ziele zu konzentrieren.

Belohnungssystem: Legen Sie Belohnungen für das Erreichen von Meilensteinen fest, um Ihre Motivation zu steigern und Ihre Fortschritte anzuerkennen. Dies kann Ihnen helfen, Ihre Impulskontrolle zu verbessern und den Fokus auf langfristige Ziele zu halten.

Soziale Unterstützung: Suchen Sie Unterstützung bei Freunden, Familie oder Kollegen, die Ihnen helfen können, Ihre Frustrationstoleranz und Impulskontrolle zu verbessern. Teilen Sie Ihre Ziele und Fortschritte mit anderen, um Rechenschaft abzulegen und Ermutigung zu erhalten.

Indem Sie an Ihrer Frustrationstoleranz und Impulskontrolle arbeiten, werden Sie besser gerüstet sein, um Ihre Ziele zu erreichen und langfristigen Erfolg und persönliches Wachstum zu erleben. Die kontinuierliche Verbesserung dieser Fähigkeiten wird Ihnen helfen, effektiver mit Herausforderungen umzugehen, Ihre Produktivität zu steigern und ein erfüllteres Leben zu führen.

Lage- und Handlungsorientierung

Zwei Betrachtungsweisen der Welt.

Lageorientierung und Handlungsorientierung sind zwei verschiedene Denk- und Verhaltensansätze, die wir in verschiedenen Situationen anwenden können. Jeder Ansatz hat seine eigenen Vor- und Nachteile, aber im Allgemeinen ist es vorteilhafter, sich auf das Handeln zu konzentrieren, anstatt ständig auf die eigene Lage zu schauen.

Lageorientierung:

Lageorientierte Menschen konzentrieren sich hauptsächlich auf ihre aktuelle Situation, ihre Umstände und die Bedingungen, die sie umgeben. Sie neigen dazu, passiv zu sein und beschäftigen sich oft mit der Analyse ihrer Lage, dem Vergleich mit anderen und dem Finden von Gründen oder Entschuldigungen für ihre Situation. Lageorientierte Menschen können sich hilflos und Opfer ihrer Umstände fühlen, was zu einer negativen Denkweise, mangelnder Motivation und schlechter Problemlösung führen kann.

Handlungsorientierung:

Handlungsorientierte Menschen hingegen konzentrieren sich auf das, was sie tun können, um ihre Situation zu verbessern oder ihre Ziele zu erreichen. Sie sind proaktiv, suchen nach Möglichkeiten, Herausforderungen zu bewältigen, und treffen Entscheidungen, um positive Veränderungen herbeizuführen. Handlungsorientierte Menschen übernehmen die Verantwortung für ihr Leben und ihre Handlungen und sind eher optimistisch, selbstbewusst und lösungsorientiert.

Warum es besser ist, sich auf das Handeln zu orientieren:

Kontrolle und Selbstwirksamkeit: Handlungsorientierte Menschen fühlen sich eher in der Lage, ihre Situation zu beeinflussen und haben ein größeres Gefühl von Kontrolle und Selbstwirksamkeit. Dies führt zu einer positiveren Einstellung und dem Glauben, dass sie in der Lage sind, Ziele zu erreichen und Herausforderungen zu bewältigen.

Motivation: Handlungsorientierung fördert die Motivation, indem sie den Fokus auf das Erreichen von Zielen und das Ergreifen von Maßnahmen legt. Lageorientierte Menschen hingegen können durch ihre passive Haltung demotiviert werden und Schwierigkeiten haben, sich auf ihre Ziele zu konzentrieren.

Problemlösung: Handlungsorientierte Menschen sind besser darin, Probleme zu lösen und kreative Lösungen für Herausforderungen zu finden, da sie aktiv nach Wegen suchen, ihre Situation zu verbessern. Lageorientierte Menschen können in ihrer Analyse der Situation stecken bleiben und Schwierigkeiten haben, konkrete Schritte zur Verbesserung ihrer Lage zu unternehmen.

Persönliches Wachstum: Handlungsorientierung fördert persönliches Wachstum, da sie Menschen dazu ermutigt, aus ihren Erfahrungen zu lernen, Verantwortung für ihr Leben zu übernehmen und kontinuierlich an sich selbst zu arbeiten.

Erfolg: Handlungsorientierte Menschen sind in der Regel erfolgreicher, da sie proaktiv sind und sich auf ihre Ziele konzentrieren, anstatt sich von ihren Umständen oder Vergleichen mit anderen beeinflussen zu lassen.

Insgesamt ist es vorteilhafter, sich auf das Handeln zu konzentrieren, anstatt ständig auf die eigene Lage zu schauen, da dies zu einer größeren Kontrolle, Motivation, Problemlösungsfähigkeit, persönlichem Wachstum und letztendlich Erfolg führt. Hier sind einige Tipps, um eine handlungsorientierte Denkweise zu entwickeln und beizubehalten:

Setze klare Ziele: Definiere klare, messbare und realistische Ziele, die dir helfen, dich auf das Handeln zu konzentrieren und Ablenkungen zu vermeiden. Nutze die SMART-Methode (spezifisch, messbar, erreichbar, relevant, zeitgebunden) zur Zielsetzung, um sicherzustellen, dass deine Ziele gut strukturiert und erreichbar sind.

Entwickle einen Aktionsplan: Erstelle einen detaillierten Aktionsplan, der die Schritte und Ressourcen beschreibt, die du benötigst, um deine Ziele zu erreichen. Dies hilft dir, einen klareren Fokus auf das Handeln zu legen und sicherzustellen, dass du in die richtige Richtung arbeitest.

Prioritäten setzen: Lerne, Prioritäten zu setzen und deine Zeit und Energie auf die wichtigsten Aufgaben und Ziele zu konzentrieren. Dies hilft dir, produktiver zu sein und sicherzustellen, dass du auf das Handeln fokussiert bleibst.

Flexibilität: Sei offen für Veränderungen und bereit, deine Pläne und Strategien bei Bedarf anzupassen. Eine handlungsorientierte Denkweise erfordert Flexibilität und die Fähigkeit, sich an neue Herausforderungen und Gelegenheiten anzupassen.

Selbstreflexion: Nimm dir regelmäßig Zeit, um über deine Fortschritte und Erfolge nachzudenken und zu erkennen, welche Strategien funktionieren und welche nicht. Selbstreflexion ist ein wichtiger Bestandteil der handlungsorientierten Denkweise, da sie dir hilft, deine Fähigkeiten und Schwächen besser zu verstehen und dich auf die richtige Spur zu bringen.

Lerne aus Fehlern: Sehe Misserfolge und Rückschläge als Gelegenheiten zum Lernen und Wachstum. Eine handlungsorientierte Denkweise bedeutet, dass du bereit bist, aus deinen Fehlern zu lernen und diese Erfahrungen als Sprungbrett für zukünftigen Erfolg zu nutzen.

Suche nach sozialer Unterstützung: Umgebe dich mit Menschen, die ebenfalls handlungsorientiert sind und die dich ermutigen und unterstützen können, während du auf deine Ziele hinarbeitest. Soziale Unterstützung ist entscheidend, um eine handlungsorientierte Denkweise aufrechtzuerhalten und gemeinsam Erfolge zu feiern.

Indem du eine handlungsorientierte Denkweise entwickelst und beibehältst, wirst du besser in der Lage sein, auf deine Ziele hinzuarbeiten und Erfolg zu erzielen. Es erfordert kontinuierliche Anstrengungen und Selbstreflexion, aber die Belohnungen in Form von persönlichem Wachstum, Zufriedenheit und Erfolg sind es wert.

Kognitive Umstrukturierung

Kognitive Umstrukturierung ist eine Technik aus der kognitiven Verhaltenstherapie, die darauf abzielt, negative und unproduktive Denkmuster zu erkennen und durch positive und konstruktive Denkweisen zu ersetzen. Dieser Prozess kann uns helfen, aus der passiven Lageorientierung herauszukommen und eine proaktive Handlungsorientierung anzunehmen.

Die kognitive Umstrukturierung basiert auf der Idee, dass unsere Gedanken und Überzeugungen einen starken Einfluss auf unser Verhalten und unsere Emotionen haben. Durch das Ändern unserer Denkmuster können wir unsere Einstellung und Reaktion auf bestimmte Situationen verbessern, was uns motiviert, ins Handeln zu kommen.

Hier sind einige Schritte, um kognitive Umstrukturierung zu praktizieren:

Gedanken erkennen: Identifiziere die negativen, selbstbeschränkenden oder irrationalen Gedanken, die dein Verhalten beeinflussen. Sei dir dieser Gedanken bewusst und achte darauf, wann sie auftreten.

Hinterfrage diese Gedanken: Bewerte die Richtigkeit und Rationalität dieser negativen Gedanken. Frage dich, ob sie auf Fakten basieren oder nur auf Annahmen und falschen Überzeugungen.

Alternative Gedanken finden: Suche nach alternativen, positiveren und konstruktiveren Denkmustern, die die negativen Gedanken ersetzen können. Diese neuen Gedanken sollten realistisch, rational und hilfreich sein.

Ersetze negative Gedanken: Übe bewusst, die negativen Gedanken durch die neuen, positiveren Gedanken zu ersetzen, jedes Mal, wenn sie auftreten. Wiederhole diesen Prozess, bis die neuen Gedankenmuster zur Gewohnheit werden.

Überprüfe deinen Fortschritt: Reflektiere regelmäßig über deine Fortschritte bei der kognitiven Umstrukturierung. Erkenne die Verbesserungen in deinem Denken, deinen Emotionen und deinem Verhalten und passe den Prozess bei Bedarf an.

Durch die Anwendung der kognitiven Umstrukturierung können wir lernen, anders zu denken und uns auf das Handeln zu konzentrieren. Dieser Prozess hilft uns dabei, proaktiver, zielorientierter und motivierter zu sein, was letztendlich dazu führt, dass wir unsere Ziele erreichen und unsere Lebensqualität verbessern.

Selbstverantwortung übernehmen

Es ist wichtig, die Verantwortung für unser eigenes Leben und Handeln zu übernehmen, anstatt nach einem Schuldigen zu suchen, aus mehreren Gründen:

Persönliche Verantwortung fördert Wachstum und Entwicklung: Wenn wir die Verantwortung für unser Leben und unsere Entscheidungen übernehmen, erkennen wir unsere Fähigkeit, positive Veränderungen herbeizuführen. Das führt zu persönlichem Wachstum und Entwicklung, da wir unsere Schwächen und Stärken besser verstehen und uns darauf konzentrieren, uns zu verbessern.

Selbstwirksamkeit: Indem wir die Verantwortung für unser Handeln übernehmen, entwickeln wir ein Gefühl der Selbstwirksamkeit – den Glauben, dass wir in der Lage sind, Herausforderungen zu bewältigen und unsere Ziele zu erreichen. Selbstwirksamkeit trägt dazu bei, unsere Motivation und unser Durchhaltevermögen zu stärken, da wir an unsere Fähigkeit glauben, erfolgreich zu sein.

Kontrolle über das eigene Leben: Wenn wir die Verantwortung übernehmen, erkennen wir, dass wir die Kontrolle über unsere Entscheidungen und Handlungen haben. Dadurch fühlen wir uns weniger hilflos und sind eher geneigt, proaktive Schritte zu unternehmen, um unsere Lebensumstände zu verbessern.

Problemlösungsfähigkeiten: Verantwortungsbewusste Menschen sind besser in der Lage, Probleme zu lösen und Herausforderungen zu bewältigen. Anstatt die Schuld auf andere zu schieben, konzentrieren sie sich darauf, Lösungen zu finden und Maßnahmen zu ergreifen, um ihre Situation zu verbessern.

Bessere Beziehungen: Die Übernahme von Verantwortung kann auch zu besseren zwischenmenschlichen Beziehungen führen. Wenn wir die Schuld auf andere schieben, kann das zu Konflikten und Ressentiments führen. Indem wir Verantwortung übernehmen, zeigen wir anderen, dass wir bereit sind, die Konsequenzen unserer Handlungen zu akzeptieren und daran zu arbeiten, uns zu verbessern.

Glaubwürdigkeit und Vertrauen: Indem wir Verantwortung übernehmen, bauen wir Glaubwürdigkeit und Vertrauen bei anderen auf. Menschen respektieren und schätzen jemanden, der bereit ist, die Verantwortung für seine Handlungen zu übernehmen und die notwendigen Schritte zur Verbesserung unternimmt.

Insgesamt ist die Übernahme von Verantwortung ein entscheidender Schritt, um ein erfülltes, erfolgreiches und glückliches Leben zu führen. Es ermöglicht uns, uns weiterzuentwickeln, Probleme zu lösen und stärkere Beziehungen zu anderen aufzubauen. Es ist wichtig, die Verantwortung für unser Leben und unsere Entscheidungen zu übernehmen und aufzuhören, nach Schuldigen zu suchen, damit wir unser volles Potenzial entfalten können.

Wie sollte eine gute Aufgabenliste aussehen

Eine gute Aufgabenliste kann dir dabei helfen, organisiert zu bleiben, deine Prioritäten zu setzen und deine Produktivität zu steigern. Hier sind einige Tipps, um eine effektive Aufgabenliste zu erstellen:

Wähle das richtige Format: Entscheide dich für ein Format, das am besten zu dir passt, ob digital (Apps, Online-Tools) oder analog (Notizbuch, Karteikarten). Wähle ein Format, das einfach zu bedienen ist und das du gerne nutzt.

Liste alles auf: Schreibe alle Aufgaben auf, die erledigt werden müssen, ohne sie zu filtern oder zu bewerten. Das Ziel ist es, alle anstehenden Aufgaben aus dem Kopf zu bekommen und sie auf Papier oder digital festzuhalten.

Priorisiere die Aufgaben: Ordne die Aufgaben nach ihrer Wichtigkeit und Dringlichkeit. Du kannst das Eisenhower-Prinzip verwenden, bei dem Aufgaben in vier Kategorien eingeteilt werden: Wichtig und dringend, wichtig aber nicht dringend, nicht wichtig aber dringend, und nicht wichtig und nicht dringend.

Setze realistische Ziele: Überlege, wie viel Zeit und Energie du für jede Aufgabe benötigst, und sei realistisch in Bezug auf das, was du innerhalb eines bestimmten Zeitraums erreichen kannst. Vermeide es, zu viele Aufgaben für einen Tag zu planen, um Überforderung und Frustration zu vermeiden.

Teile größere Aufgaben in kleinere Schritte auf: Zerlege umfangreiche oder komplexe Aufgaben in kleinere, überschaubare Schritte. Das hilft dabei, das Gefühl der Überforderung zu reduzieren und macht es einfacher, mit der Arbeit zu beginnen.

Setze Fristen: Gib jeder Aufgabe eine Frist oder ein Fälligkeitsdatum, um ein Gefühl der Dringlichkeit zu schaffen und die Wahrscheinlichkeit zu erhöhen, dass die Aufgabe rechtzeitig erledigt wird.

Überprüfe und aktualisiere regelmäßig: Nimm dir täglich Zeit, um deine Aufgabenliste zu überprüfen und anzupassen. Streiche erledigte Aufgaben durch und füge neue hinzu, die im Laufe des Tages oder der Woche auftauchen.

Halte die Liste sichtbar und leicht zugänglich: Stelle sicher, dass deine Aufgabenliste an einem Ort ist, an dem du sie regelmäßig siehst und leicht darauf zugreifen kannst. Das hilft dabei, den Überblick zu behalten und den Fokus auf deine Prioritäten zu richten.

Belohne dich: Gönne dir eine Belohnung, wenn du eine Aufgabe oder einen Meilenstein erreicht hast. Das kann eine kurze Pause, ein Snack oder eine andere angenehme Aktivität sein. Belohnungen helfen dabei, die Motivation aufrechtzuerhalten und den Fortschritt zu feiern.

Indem du eine gut organisierte, priorisierte und realistische Aufgabenliste erstellst, kannst du deine Produktivität steigern, Stress reduzieren und sicherstellen, dass du auf dem richtigen Weg bist, um deine Ziele zu erreichen.

Das GTD prinzip von David Allen

Das Getting Things Done (GTD) Prinzip ist eine Zeitmanagement-Methode, die vom Produktivitätsberater David Allen entwickelt wurde. In seinem Buch „Getting Things Done: The Art of Stress-Free Productivity", das erstmals 2001 veröffentlicht wurde, präsentiert Allen seinen Ansatz zur Verbesserung der persönlichen Produktivität und Effizienz durch die Organisation von Aufgaben, Projekten und Zielen. Die Methode hat seitdem weltweit Anerkennung gefunden und zahlreiche Anhänger gewonnen.

Die GTD-Methode basiert auf dem Grundsatz, dass man den Geist von unerledigten Aufgaben und Verpflichtungen befreien sollte, um sich auf das konzentrieren zu können, was gerade wichtig ist. Um dies zu erreichen, schlägt Allen einen Fünf-Stufen-Prozess zur Verwaltung von Aufgaben und Informationen vor:

Erfassen: Sammle alle Informationen, Ideen, Aufgaben und Verpflichtungen, die in deinem Kopf oder in deiner Umgebung herumschwirren, und notiere sie. Ziel ist es, sie aus dem Kopf zu bekommen und an einem zentralen Ort festzuhalten. Du kannst ein Notizbuch, eine App oder eine andere Methode verwenden, die für dich funktioniert.

Klären: Analysiere die gesammelten Informationen und entscheide, welche Aktion erforderlich ist. Ist es eine Aufgabe, die erledigt werden muss? Ist es ein Projekt, das in kleinere Aufgaben unterteilt werden muss? Ist es etwas, das delegiert werden kann oder für das keine Aktion erforderlich ist? Für jede Aufgabe oder Information, kläre, welche Schritte erforderlich sind, um sie abzuschließen oder weiterzuverarbeiten.

Organisieren: Sortiere die geklärten Aufgaben und Informationen in geeignete Kategorien, Listen oder

Systeme. Du kannst eine Kombination aus physischen Ordnern, digitalen Ordnern, Apps oder anderen Organisationswerkzeugen verwenden. Weise den Aufgaben Prioritäten und Fälligkeitsdaten zu und plane sie in deinem Kalender oder deiner To-do-Liste ein.

Überprüfen: Wende regelmäßige Überprüfungen an, um sicherzustellen, dass dein System auf dem neuesten Stand ist und alle Informationen und Aufgaben weiterhin relevant und aktuell sind. David Allen empfiehlt wöchentliche Überprüfungen, aber die Häufigkeit kann je nach Bedarf angepasst werden.

Engagieren: Führe die geplanten Aufgaben aus und konzentriere dich auf die jeweilige Aufgabe, ohne Ablenkung oder Stress durch andere unerledigte Verpflichtungen. Vertraue darauf, dass dein GTD-System alles unter Kontrolle hat und du dich auf das Wesentliche konzentrieren kannst.

Die GTD-Methode ist flexibel und anpassungsfähig an unterschiedliche Bedürfnisse und Arbeitsstile. Es erfordert anfangs etwas Zeit und Mühe, um das System einzurichten, aber sobald es etabliert ist, kann es dazu beitragen, den Stress abzubauen, der mit unausgesprochenen Aufgaben und unklaren Verpflichtungen verbunden ist, und die Produktivität und Effizienz verbessern.

Verzetteln, bleib fokussiert

Es gibt verschiedene Gründe, warum Menschen sich verzetteln und Schwierigkeiten haben, produktiv zu sein. Hier sind einige der häufigsten Faktoren:

Mangelnde Zielsetzung: Ohne klar definierte Ziele fällt es schwer, den Fokus auf das Wesentliche zu richten und produktiv zu arbeiten. Ziele geben uns Orientierung und helfen uns, unsere Prioritäten zu erkennen.

Schlechtes Zeitmanagement: Wenn Menschen ihre Zeit nicht effektiv planen und organisieren, kann das dazu führen, dass sie sich verzetteln und Schwierigkeiten haben, ihre Aufgaben effizient zu erledigen.

Ablenkungen: In der heutigen digitalen Welt sind Ablenkungen allgegenwärtig. Smartphones, soziale Medien, E-Mails und das Internet können unsere Aufmerksamkeit ständig ablenken und es schwierig machen, konzentriert und produktiv zu arbeiten.

Prokrastination: Aufschieben ist ein häufiges Problem, das dazu führt, dass Menschen ihre Aufgaben und Verantwortlichkeiten verschieben, statt sie rechtzeitig zu erledigen. Dies kann dazu führen, dass sie in letzter Minute hetzen oder ihre Arbeit unvollständig oder minderwertig erledigen.

Multitasking: Obwohl Multitasking manchmal als effizient angesehen wird, kann es tatsächlich dazu führen, dass Menschen sich verzetteln und weniger produktiv sind. Untersuchungen haben gezeigt, dass das gleichzeitige Ausführen mehrerer Aufgaben die Qualität der Arbeit beeinträchtigen und die Zeit, die benötigt wird, um sie abzuschließen, verlängern kann.

Mangelnde Motivation: Wenn Menschen keine innere Motivation oder keinen Antrieb verspüren, um ihre Aufgaben zu erledigen, fällt es ihnen schwer, produktiv zu sein. Motivation ist entscheidend, um den Fokus aufrechtzuerhalten und Ergebnisse zu erzielen.

Perfektionismus: Einige Menschen streben nach Perfektion und haben Angst vor Fehlern. Dies kann dazu führen, dass sie zu viel Zeit mit kleinsten Details verbringen oder Schwierigkeiten haben, Entscheidungen zu treffen, was ihre Produktivität beeinträchtigen kann.

Um diese Herausforderungen zu überwinden und produktiver zu werden, ist es wichtig, sich auf persönliche Ziele und Prioritäten zu konzentrieren, Zeit effektiv zu verwalten, Ablenkungen zu reduzieren, Motivation zu fördern und eine ausgewogene Herangehensweise an die Arbeit und das Streben nach Perfektion zu entwickeln.

Einige Bücher zum Thema

Hier sind einige empfehlenswerte Bücher zum Thema Prokrastination und Produktivität, die dir dabei helfen können, das Aufschieben zu überwinden und effektiver zu arbeiten:

„The Now Habit" von Neil Fiore: Dieses Buch bietet praktische Strategien und Techniken, um Prokrastination zu überwinden und ein ausgeglichenes, stressfreies Leben zu führen.

„Eat That Frog!" von Brian Tracy: In diesem Buch präsentiert Brian Tracy 21 Methoden, um die wichtigsten Aufgaben effektiv anzugehen, den Fokus zu verbessern und die Produktivität zu steigern.

„Getting Things Done" von David Allen: Dieses Buch stellt das berühmte GTD-System (Getting Things Done) von David Allen vor, das darauf abzielt, Stress abzubauen, die Effizienz zu erhöhen und ein besseres Zeitmanagement zu erreichen.

„The War of Art" von Steven Pressfield: In diesem Buch untersucht der Autor die inneren Kämpfe, die Kreativität und Produktivität blockieren, und bietet Lösungen, um diesen Widerstand zu überwinden.

„The 7 Habits of Highly Effective People" von Stephen R. Covey: Dieses Buch präsentiert sieben grundlegende Prinzipien, die Menschen helfen können, ihre Produktivität zu steigern und erfolgreichere und erfüllendere Leben zu führen.

„Atomic Habits" von James Clear: In diesem Buch erfährst du, wie kleine Verhaltensänderungen zu großen Veränderungen führen können und wie du schlechte Gewohnheiten durch gute ersetzen kannst, um Prokrastination zu bekämpfen und produktiver zu werden.

„The One Thing" von Gary Keller und Jay Papasan: Dieses Buch zeigt auf, wie man sich auf die eine Sache konzentriert, die den größten Einfluss auf die Erreichung unserer Ziele hat, und wie man Ablenkungen und Prokrastination überwindet.

Diese Bücher bieten verschiedene Perspektiven und Techniken, um Prokrastination zu bekämpfen und ein produktiveres Leben zu führen. Du kannst sie nutzen, um dein Verständnis der Prokrastination zu vertiefen und Strategien zu entwickeln, die dir helfen, deine Produktivität zu steigern.

Gute Tools zum Zeitmanagement

Es gibt eine Vielzahl von Tools und Apps, die dir beim Zeitmanagement helfen können. Hier sind einige der beliebtesten und effektivsten Tools:

Trello: Ein Online-Tool zur Aufgaben- und Projektverwaltung, das auf dem Kanban-System basiert. Du kannst Boards erstellen, um Projekte zu organisieren, und Karten für einzelne Aufgaben verwenden, um den Fortschritt zu verfolgen.

Todoist: Eine benutzerfreundliche Aufgabenverwaltungs-App, die es dir ermöglicht, Aufgaben zu erstellen, zu organisieren und zu priorisieren. Du kannst Projekte erstellen, Fälligkeitsdaten festlegen und sogar Aufgaben mit anderen teilen.

Asana: Eine leistungsstarke Projektmanagement-Software, die sich gut für Teamarbeit eignet. Asana hilft bei der Planung, Organisation und Verfolgung von Projekten und Aufgaben, wobei der Fokus auf Zusammenarbeit und Kommunikation liegt.

Google Calendar: Ein Online-Kalender, der es dir ermöglicht, Termine und Erinnerungen zu planen, um deine Zeit besser zu verwalten. Du kannst Ereignisse erstellen, Erinnerungen einstellen und deinen Kalender mit anderen teilen, um die Zusammenarbeit zu erleichtern.

Evernote: Eine Notiz-App, die hilft, Ideen, Notizen und Aufgaben zu organisieren. Du kannst Notizen erstellen, Bilder und Dokumente speichern und sogar Webseiten für spätere Verwendung speichern.

Pomodoro Timer: Ein Tool, das auf der Pomodoro-Technik basiert, bei der du in festen, fokussierten Arbeitsintervallen arbeitest, gefolgt von kurzen Pausen. Es gibt mehrere Apps und Online-Timer, die diese Methode unterstützen, wie z.B. Focus Booster, TomatoTimer und PomoDone-App.

RescueTime: Eine App, die deine Computer- und Smartphone-Nutzung verfolgt und Berichte erstellt, um dir dabei zu helfen, deine Zeit besser zu verstehen und Ablenkungen zu reduzieren.

Microsoft To Do: Eine Aufgabenverwaltungs-App, die dir hilft, Aufgaben zu erstellen, zu organisieren und zu priorisieren. Die App ermöglicht es dir, Listen für verschiedene Projekte zu erstellen, Erinnerungen einzurichten und Aufgaben mit anderen zu teilen.

Das Ausprobieren und Kombinieren dieser Tools kann dir dabei helfen, deine Zeit effizienter zu nutzen und deine Produktivität zu steigern. Wähle diejenigen aus, die am besten zu deinem Arbeitsstil und deinen Bedürfnissen passen.

In diesem Buch haben wir uns mit dem Problem der Prokrastination auseinandergesetzt und Strategien und Techniken vorgestellt, um Aufschieben zu überwinden und produktiver zu werden. Wir haben gelernt, wie wichtig es ist, klare Ziele zu setzen, Prioritäten zu definieren, Routinen und Gewohnheiten zu entwickeln, die Umgebung zu optimieren, mentale Strategien und Techniken anzuwenden, soziale Unterstützung zu suchen und sich selbst Verantwortung zu übernehmen. Wir haben auch gesehen, wie Willenskraft, Frustrationstoleranz, Impulskontrolle, Selbstkontrolle und Entscheidungsfähigkeit Schlüsselelemente für eine erfolgreiche Umsetzung von Zielen sind.

Es ist wichtig zu erkennen, dass Prokrastination nicht nur ein Zeitmanagement-Problem ist, sondern oft tiefere psychologische Ursachen hat, wie Angst, Unsicherheit und mangelndes Selbstvertrauen. Daher ist es entscheidend, an sich selbst zu arbeiten und sich bewusst zu machen, welche inneren Blockaden uns davon abhalten, unsere Ziele zu erreichen.

Es ist auch wichtig zu betonen, dass Produktivität nicht das gleiche ist wie Beschäftigung. Es geht darum, das Beste aus unserer Zeit und Energie zu machen, indem wir uns auf die wichtigsten Aufgaben konzentrieren und uns von Ablenkungen und Aufschieben fernhalten. Wenn wir uns auf das Wesentliche konzentrieren und unsere Zeit und Energie auf die Dinge richten, die wirklich wichtig sind, können wir unsere Ziele erreichen und ein erfüllteres Leben führen.

Letztendlich liegt es an uns, unsere Denkweise und unser Verhalten zu ändern, um unsere Produktivität zu steigern und unsere Ziele zu erreichen. Wir müssen bereit sein, uns selbst zu reflektieren, uns zu fordern und uns selbst zu motivieren. Es erfordert Anstrengung und Engagement, aber es lohnt sich, wenn wir ein erfülltes Leben führen und unsere Träume verwirklichen können.

Im Prinzip kann jeder die Fähigkeiten erlernen, die er braucht um seine Ziele zu erreichen, er muss es nur machen.

Viele Menschen vertun ihre Zeit, einen Schuldigen für ihr Versagen zu finden. Nur das hilft ihnen nicht weiter ihre Ziele zu erreichen. Nur wer Verantwortung übernimmt, und zwar für alles, was ihm begegnet hat die Chance auf Weiterentwicklung.

Wenn wir lernen, uns zu fokussieren, Schwierigkeiten als Chancen zum lernen zu sehen und uns nicht frustrieren lassen, können wir viel erreichen. Aufgeben ist für uns keine Option.

Aufschieben, ist das Verhalten, bei dem man unangenehme oder schwierige Aufgaben verzögert, indem man sich mit anderen Aktivitäten beschäftigt. Dies kann dazu führen, dass man sein volles Potenzial nicht ausschöpft und wichtige Ziele im Leben nicht erreicht.

Mit diesem Buch, und den darin beschriebenen Methoden kannst du dein Leben auf ein anderes Level bringen. Produktiver werden, mehr erreichen als du jemals zu träumen wagtest. Du must es nur tun. Ich wünsche dir viel Erfolg beim Machen.